웹의 이해

웹의 이해

초판 1쇄 발행 2025년 3월 14일

지은이 황선수
펴낸이 장길수
펴낸곳 지식과감성#
출판등록 제2012-000081호

교정 한장희
디자인 오정은
편집 오정은
검수 이주희, 정윤솔
마케팅 김윤길

주소 서울시 금천구 벚꽃로298 대륭포스트타워6차 1212호
전화 070-4651-3730~4
팩스 070-4325-7006
이메일 ksbookup@naver.com
홈페이지 www.knsbookup.com

ISBN 979-11-392-2468-9(13000)
값 5,000원

- 이 책의 판권은 지은이에게 있습니다.
- 이 책 내용의 전부 또는 일부를 재사용하려면 반드시 지은이의 서면 동의를 받아야 합니다.
- 잘못된 책은 구입하신 곳에서 바꾸어 드립니다.

지식과감성#
홈페이지 바로가기

웹의 이해

황선수 지음

The power of the Web is in its universality, Access by everyone regardless of disability is an essential aspect.

Tim Berners-Lee

웹의 힘은 그것의 보편성에 있다. 장애에 구애 없이 모든 사람이 접근할 수 있는 것이 필수적인 요소이다.

팀 버너스 리

프롤로그
웹의 세계로 내딛는 첫 발걸음

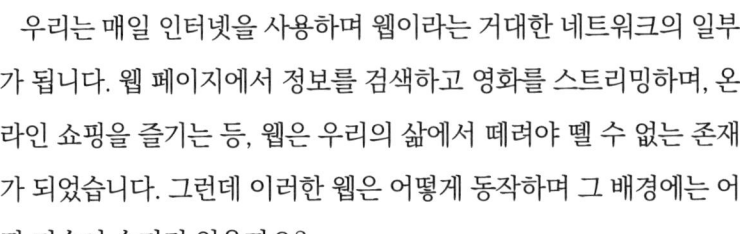

우리는 매일 인터넷을 사용하며 웹이라는 거대한 네트워크의 일부가 됩니다. 웹 페이지에서 정보를 검색하고 영화를 스트리밍하며, 온라인 쇼핑을 즐기는 등, 웹은 우리의 삶에서 떼려야 뗄 수 없는 존재가 되었습니다. 그런데 이러한 웹은 어떻게 동작하며 그 배경에는 어떤 기술이 숨겨져 있을까요?

"웹의 이해"는 이러한 질문에 답하며 웹 개발의 기초를 배우고자 하는 분들을 위한 책입니다. 이 책은 단순히 기술적인 지식을 나열하는 것을 넘어 "왜"와 "어떻게"라는 관점에서 웹의 작동 원리를 이해하도록 돕는 데 초점을 맞추고 있습니다. 인터넷과 웹의 기본 개념에서 시작해 HTML, CSS, JavaScript를 통한 웹 페이지 제작, 그리고 Git을 활용한 협업과 버전 관리까지 웹 개발의 전반적인 흐름을 체계적으로 다룹니다.

특히 이 책은 다음과 같은 분들에게 적합합니다:

- 웹 개발을 처음 접하는 입문자
- 기존의 기초 지식을 체계적으로 정리하고 싶은 학습자
- 웹 기술을 실무에 적용하고자 하는 초보 개발자

각 장에서는 핵심 개념과 함께 실습 예제를 제공하여 이론과 실제를 균형 있게 익힐 수 있도록 구성했습니다. 이를 통해 여러분은 단순한 코드 작성자를 넘어 웹의 원리를 이해하고 창의적인 해결책을 제시할 수 있는 개발자로 성장할 수 있을 것입니다.

지금부터 여러분과 함께 **웹의 세계**로 첫걸음을 내딛으려 합니다. 간단한 HTML 문서에서 시작해 CSS로 아름답게 꾸미고, JavaScript로 상호작용을 추가하며 Git으로 프로젝트를 관리하기까지의 여정을 통해 웹 개발의 매력을 직접 느껴 보시길 바랍니다.

이 책을 통해 여러분의 배움이 새로운 가능성으로 이어지기를 기원합니다. 이제, 웹의 세계로 여행을 떠나 볼까요?

목차

프롤로그 ··· 6

1부
인터넷과 웹

인터넷이란 무엇인가 ··· 17
웹이란 무엇인가 ·· 20
웹 브라우저의 이해 ··· 25
도메인과 호스팅 ·· 31
다양한 웹사이트의 형태 ·· 37
웹 개발 준비하기 ·· 43

2부
HTML

HTML의 기본 개념과 문서 구조 ····· 50
HTML 파일 생성과 시멘틱 태그 사용 ····· 57
웹 문서에 콘텐츠 추가 ····· 63
텍스트와 목록 ····· 64
이미지와 하이퍼링크 ····· 71
오디오와 비디오 콘텐츠 ····· 78
사용자 입력 폼 작성 ····· 85
HTML 폼의 기초 ····· 87
다양한 〈input〉 태그와 속성 ····· 94

CSS

CSS의 기본 개념과 작성법 ····· 106
스타일 시트의 이해 ····· 108
CSS의 상속과 우선순위 ····· 118
텍스트와 레이아웃 스타일링 ····· 125
글꼴과 텍스트 스타일 ····· 127
웹 폰트와 아이콘 폰트 ····· 135
목록과 표 스타일링 ····· 142
박스 모델 ····· 152
CSS 박스 모델의 이해 ····· 153
테두리와 여백 조정 ····· 161
레이아웃 만들기와 위치 지정 ····· 168
배경과 그래픽 효과 ····· 176
배경색과 배경 이미지 설정 ····· 178
그러데이션 효과 활용하기 ····· 185

4부
반응형 웹

반응형 웹이란 무엇인가 ································· 194
유연한 디자인 요소 만들기 ····························· 198
미디어 쿼리 사용법 ····································· 205
플렉스박스 레이아웃 ··································· 213
플렉스박스의 기본 속성 ································ 214
반응형 배치를 위한 플렉스박스 활용 ················· 222
CSS 그리드 레이아웃 ·································· 228
그리드 레이아웃의 기본 개념 ·························· 229
그리드 영역과 라인을 활용한 배치 ····················· 236

5부
고급 CSS

CSS 고급 선택자와 함수 ······························· 244
연결 선택자와 속성 선택자 ····························· 245
가상 클래스와 가상 요소 ································ 253
CSS 함수 활용 ·· 260
애니메이션과 전환 효과 ································ 266
트랜스폼으로 요소 변형하기 ··························· 267
트랜지션으로 부드러운 전환 효과 만들기 ············· 274
애니메이션 활용 ·· 280

JavaScript

JavaScript의 기본 개념 ·· 290
JavaScript의 역할과 기능 ··· 291
JavaScript 문법의 기본 요소 ··· 296

문서 객체 모델(DOM)

JavaScript 객체 이해하기 ··· 308
객체의 개념과 구조 ·· 309
JavaScript의 내장 객체와 브라우저 객체 모델(BOM) ············ 317
DOM 구조와 요소 접근 ·· 325
DOM 요소의 내용 수정 및 노드 추가·삭제 ······················· 334
DOM 이벤트 처리와 클래스 관리 ··································· 340

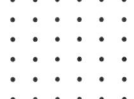

Git

Git의 이해 ·· 350
원격 저장소 활용 ·· 354
Git 기본 사용법 ··· 357

에필로그 ·· 362

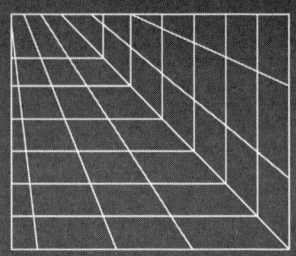

우리가 매일 사용하는 인터넷과 웹은 마치 공기처럼 우리 주변에 자연스럽게 자리 잡고 있습니다. 하지만 정작 웹이 어떻게 작동하는지, 우리가 입력한 주소(URL)가 어떤 과정을 거쳐 웹 페이지를 화면에 보여 주는지에 대해 깊이 생각해 볼 기회는 많지 않습니다. 이 장에서는 웹의 기본 원리를 파헤쳐, 웹이 움직이는 방식과 이를 가능하게 하는 기술적 요소들을 이해할 수 있도록 안내합니다.

웹은 단순히 정보를 주고받는 플랫폼을 넘어, 사람들을 연결하고 세상을 바꾸는 중요한 매개체로 발전해 왔습니다. 웹 페이지가 사용자와 상호작용하는 방식, 네트워크와 서버의 협업, 그리고 모든 사람이 접근할 수 있는 웹을 만들기 위한 접근성의 개념까지, 이러한 원리를 이해하는 것은 개발자뿐만 아니라 웹 환경을 이해하려는 누구에게나 필수적인 첫걸음입니다.

이 장은 다양한 웹사이트의 형태와 구조를 살펴보고, 네트워크와 서버가 어떻게 데이터를 주고받으며, 브라우저가 이를 해석해 사용자에게 화면을 보여 주는지에 대한 여정을 제공합니다. 더 나아가, 모든 사용자가 편리하게 웹을 이용할 수 있도록 하는 **웹 접근성**의 중요성도 함께 다룹니다.

기술이 발전하며 웹은 더욱 정교하고 다채로워지고 있습니다. 웹의 기본 원리를 이해하는 것은 앞으로의 웹 개발 학습과 실무를 탄탄히 다지는 기초가 될 것입니다. 지금부터 우리가 매일 사용하는 웹이 어떻게 작동하는지 함께 알아 봅시다.

1부
인터넷과 웹

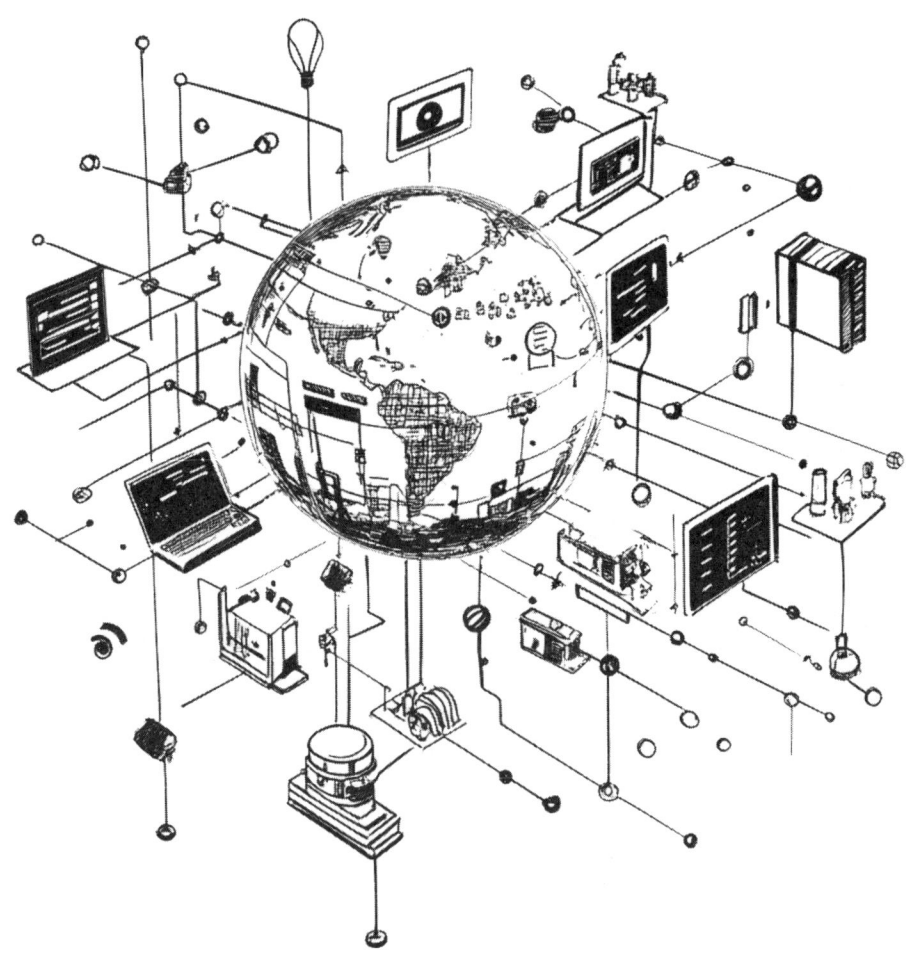

인터넷이란 무엇인가

인터넷은 전 세계의 컴퓨터와 네트워크를 연결하는 거대한 정보 통신망입니다. 이는 컴퓨터, 스마트폰, 서버 등 다양한 장치들이 서로 데이터를 주고받을 수 있도록 만들어진 인프라입니다. 인터넷을 통해 사람들은 정보를 검색하고, 이메일을 주고받고, 동영상을 스트리밍하며, 전자상거래를 이용하는 등 수많은 활동을 할 수 있습니다.

인터넷은 현대 사회의 필수적인 기반 기술로, 사람과 사람, 사람과 정보, 그리고 기계와 기계를 연결하는 중요한 역할을 하고 있습니다. 인터넷의 기본 원리와 구조를 이해하는 것은 웹 개발뿐만 아니라 디지털 환경에서의 모든 활동에 있어 중요한 출발점입니다.

1. 인터넷의 기본 원리

인터넷은 TCP/IP(Transmission Control Protocol/Internet Protocol)라는 통신 규약에 기반을 둡니다. 이 프로토콜은 데이터를 작은 조각(패킷)으로 나누어 목적지까지 전달하며, 패킷이 도착하면 다시 원래의 데이터로 조립합니다. 이러한 과정을 통해 인터넷은 다양한 장치와 네트워크 간에 데이터를 안정적으로 전송할 수 있습니다.

2. 인터넷의 구성 요소

- **서버와 클라이언트**: 인터넷은 클라이언트(사용자 장치)와 서버(정보 제공 장치)로 구성됩니다. 사용자가 브라우저에 URL을 입력하면 클라이언트는 해당 요청을 서버로 보내고, 서버는 요청된 데이터를 반환합니다.
- **IP 주소**: 인터넷에서 모든 장치는 고유한 IP 주소를 가지고 있으며, 이는 네트워크상의 '주소' 역할을 합니다. 예를 들어, www.example.com과 같은 도메인은 실제 IP 주소에 대응됩니다.
- **DNS(Domain Name System)**: 사용자가 기억하기 쉬운 도메인 이름을 IP 주소로 변환하는 시스템입니다. 사용자가 "www.example.com"을 입력하면, DNS가 해당 도메인의 IP 주소를 찾아 데이터를 요청합니다.

3. 인터넷의 역사

인터넷은 1960년대 미국 국방부의 연구 프로젝트에서 시작되었습니다. 초기에는 ARPANET이라는 이름으로 소규모 네트워크로 시작되었으며, 이후 다양한 네트워크가 연결되면서 현재의 글로벌 인터넷으로 확장되었습니다. 1980년대에 TCP/IP 프로토콜이 도입되며 인터넷의 표준이 확립되었고, 1990년대 월드 와이드 웹(World Wide Web)의 등장으로 대중화되었습니다.

4. 인터넷의 특징

- **연결성**: 전 세계의 장치가 연결되어 언제 어디서나 데이터를 주고받을 수 있습니다.
- **분산성**: 중앙 관리 기관 없이 독립된 네트워크가 연결되어 구성됩니다.
- **확장성**: 새로운 장치와 기술이 추가되어도 네트워크의 확장과 통합이 가능합니다.
- **개방성**: 누구나 인터넷에 접속하고 정보를 공유할 수 있습니다.

5. 인터넷의 역할

인터넷은 단순한 정보 전달을 넘어 다양한 분야에서 혁신을 이끌어 왔습니다. 전자상거래, 원격 근무, 클라우드 서비스, 사물 인터넷(IoT) 등 현대 사회의 거의 모든 기술과 서비스가 인터넷을 기반으로 발전해 왔습니다.

웹이란 무엇인가

웹(Web)은 인터넷을 기반으로 동작하며, 사용자와 정보를 연결하는 거대한 정보 시스템입니다. 웹은 전 세계의 서버와 브라우저를 통해 다양한 정보를 제공하고, 사람들이 서로 소통하며, 상호작용할 수 있도록 돕는 플랫폼입니다. 우리가 사용하는 대부분의 온라인 서비스와 콘텐츠는 웹을 통해 이루어집니다.

웹은 단순한 정보 전달을 넘어, 세상을 연결하고 새로운 가능성을 열어 주는 플랫폼으로 자리 잡았습니다. 웹의 작동 원리를 이해하는 것은 단순한 사용자 경험을 넘어, 웹 개발과 기술 혁신의 출발점이 됩니다. 오늘날의 웹은 사람들의 삶에 필수적인 도구로 자리 잡았으며, 앞으로도 지속적인 발전을 통해 더욱 풍부한 경험을 제공할 것입니다.

1. 웹의 정의

웹은 월드 와이드 웹(World Wide Web)의 줄임말로, 1990년 팀 버너스 리(Tim Berners-Lee)에 의해 개발되었습니다. 이는 인터넷 위에서 작동하는 애플리케이션으로, 문서나 자원을 연결하는 하이퍼텍스트 시스템을 기반으로 합니다. 웹은 사용자가 HTML로 작성된 웹 페이지에 접근할 수 있도록 설계된 시스템으로, 정보 검색, 쇼핑, 커뮤니케이션 등 다양한 용도로 사용됩니다.

2. 웹의 주요 구성 요소

1) 웹 페이지(Web Page)

HTML, CSS, JavaScript 등으로 작성된 문서로, 사용자 인터페이스와 콘텐츠를 제공합니다.
- 예: 블로그 게시물, 뉴스 기사, 전자상거래 사이트 등.

2) 웹 브라우저(Web Browser)

사용자가 웹 페이지를 탐색할 수 있도록 돕는 소프트웨어입니다. 브라우저는 HTML, CSS, JavaScript를 해석하여 사용자에게 웹 페이지를 시각적으로 보여 줍니다.
- 대표적인 브라우저: Chrome, Firefox, Safari, Edge.

3) 웹 서버(Web Server)

사용자 요청을 처리하고 웹 페이지 데이터를 제공하는 컴퓨터입니다.
- 역할: 클라이언트(브라우저)의 요청을 수신하고, 적절한 HTML 문서나 데이터를 반환.

4) URL(Uniform Resource Locator)

웹 자원의 위치를 나타내는 주소 체계로, 사용자가 특정 페이지에 접근할 수 있도록 합니다.

- 구성: 프로토콜(https://) + 도메인(www.example.com) + 경로(/page).

5) HTTP/HTTPS

클라이언트(브라우저)와 서버 간의 데이터 전송을 위한 프로토콜입니다. HTTPS는 HTTP에 보안 기능(SSL/TLS)이 추가된 버전으로, 데이터를 암호화하여 안전하게 전송합니다.

3. 웹의 작동 원리

웹은 클라이언트와 서버 간의 요청과 응답(Request-Response) 방식으로 작동합니다.

1) 사용자가 브라우저에 URL을 입력하거나 링크를 클릭하면, 브라우저는 해당 서버에 요청(Request)을 보냅니다.

2) 서버는 요청받은 HTML, CSS, JavaScript, 이미지 등의 데이터를 응답(Response)으로 반환합니다.

3) 브라우저는 받은 데이터를 해석하고 웹 페이지를 렌더링하여 사용자에게 보여 줍니다.

4. 웹의 특징

- **하이퍼텍스트 시스템**: 웹은 문서 간의 링크(하이퍼링크)를 통해 정보를 유기적으로 연결합니다.
- **멀티미디어 지원**: 텍스트뿐만 아니라 이미지, 오디오, 비디오와 같은 멀티미디어 콘텐츠를 포함할 수 있습니다.
- **접근성**: 인터넷에 연결된 누구나 웹에 접근할 수 있으며, 전 세계적인 정보 공유가 가능합니다.
- **동적 기능**: JavaScript와 같은 기술을 사용해 사용자와 상호작용하는 동적인 웹 페이지를 제공합니다.

5. 웹의 역사와 발전

1990년 팀 버너스 리가 HTML과 HTTP를 기반으로 최초의 웹을 설계하면서 시작되었습니다. 초기에는 단순히 텍스트를 연결하는 데 초점이 맞춰졌으나, 점차 그래픽 사용자 인터페이스(GUI), 멀티미디어, 그리고 동적인 기능을 지원하게 되었습니다. 오늘날의 웹은 전자상거래, 소셜 네트워크, 클라우드 컴퓨팅, 사물 인터넷(IoT) 등 다양한 영역에서 핵심적인 역할을 합니다.

6. 웹과 인터넷의 차이

　많은 사람들이 웹과 인터넷을 동일하게 생각하지만, 둘은 서로 다른 개념입니다.

- **인터넷**: 전 세계 네트워크를 연결하는 인프라.
- **웹**: 인터넷을 기반으로 동작하는 애플리케이션으로, 정보를 접근하고 공유하는 데 사용됨.

웹 브라우저의 이해

웹 브라우저는 인터넷 사용자가 웹 페이지를 탐색하고, 정보를 검색하며, 서비스를 이용할 수 있도록 돕는 소프트웨어입니다. 우리가 입력한 주소(URL)를 기반으로 서버에 요청을 보내고, 받은 데이터를 시각적으로 표현하여 사용자와 웹 콘텐츠를 연결하는 중요한 역할을 합니다. 브라우저는 단순한 정보 표시 도구를 넘어, 현대 웹 환경에서 사용자 경험(UX)을 결정짓는 핵심 요소로 자리 잡았습니다.

웹 브라우저는 우리가 인터넷을 사용하는 데 없어서는 안 될 도구입니다. 브라우저의 기본 원리와 동작 방식을 이해하면 웹 페이지의 작동 원리뿐만 아니라, 더 나은 웹 개발과 사용자 경험을 설계하는 데 큰 도움을 받을 수 있습니다. 웹 브라우저는 단순히 정보를 제공하는 도구를 넘어, 우리가 웹 환경에서 무한한 가능성을 탐구할 수 있도록 도와주는 중요한 동반자입니다.

1. 웹 브라우저란 무엇인가

웹 브라우저는 클라이언트 측에서 동작하며, 사용자가 요청한 HTML, CSS, JavaScript와 같은 웹 기술을 해석하여 웹 페이지를 렌더링합니다. 이는 사용자가 네트워크와 서버를 직접 다루지 않고도 인터넷을 쉽게 이용할 수 있도록 도와줍니다. 대표적인 웹 브라우저로는 Google Chrome, Mozilla Firefox, Apple Safari, Microsoft Edge 등이 있습니다.

2. 웹 브라우저의 주요 구성 요소

웹 브라우저는 여러 구성 요소로 이루어져 있으며, 각각의 역할은 웹 페이지를 탐색하고 표현하는 데 중요한 역할을 합니다.

1) 사용자 인터페이스(UI)

브라우저 창의 주소창, 뒤로가기/앞으로가기 버튼, 북마크, 탭과 같은 사용자와의 상호작용 요소를 제공합니다.

2) 브라우저 엔진

UI와 렌더링 엔진 간의 통신을 관리합니다. 사용자 입력을 해석하고 웹 페이지의 렌더링을 지시합니다.

3) 렌더링 엔진(Rendering Engine)

HTML, CSS, JavaScript를 해석하여 화면에 웹 페이지를 표시합니다.
- 대표적인 렌더링 엔진: Blink(Chrome, Edge), WebKit(Safari), Gecko(Firefox).

4) JavaScript 엔진

웹 페이지의 동적 기능을 처리하며, JavaScript 코드를 실행합니다.

- 대표적인 JavaScript 엔진: V8(Chrome, Edge), SpiderMonkey (Firefox), JavaScriptCore(Safari).

5) 네트워킹(Networking)

HTTP/HTTPS를 통해 서버와 통신하며, 데이터를 요청하고 응답받는 역할을 합니다.

6) 데이터 저장소(Storage)

브라우저에서 데이터를 저장하는 공간으로, 쿠키, 로컬 스토리지, 세션 스토리지 등이 포함됩니다.

3. 웹 브라우저의 동작 과정

웹 브라우저는 다음과 같은 단계를 통해 사용자 요청을 처리하고 웹 페이지를 표시합니다.

1) URL 입력

사용자가 브라우저의 주소창에 URL을 입력하면, 브라우저는 해당 URL을 분석하여 도메인과 경로를 식별합니다.

2) DNS 조회

입력된 도메인을 IP 주소로 변환하기 위해 DNS 서버에 요청을 보냅니다.

3) 서버 요청

변환된 IP 주소를 기반으로 서버에 HTTP/HTTPS 요청을 보냅니다.

4) 응답 수신

서버는 요청받은 HTML, CSS, JavaScript, 이미지 등을 응답으로 반환합니다.

5) 렌더링

브라우저는 받은 데이터를 렌더링 엔진을 통해 처리하여 화면에 웹 페이지를 표시합니다.

- HTML → DOM(Document Object Model) 생성
- CSS → CSSOM(CSS Object Model) 생성
- DOM + CSSOM → 렌더 트리(Render Tree) 생성
- 레이아웃 계산 및 페인팅

4. 웹 브라우저의 기능

- **탐색**: 하이퍼링크를 통해 웹 페이지 간 이동이 가능합니다.

- **캐싱**: 자주 사용하는 데이터를 저장하여 페이지 로딩 속도를 향상시킵니다.
- **개발자 도구**: 디버깅, 성능 분석, DOM 조작 등을 지원합니다.
- **확장성**: 다양한 플러그인과 확장 프로그램을 설치하여 기능을 확장할 수 있습니다.

5. 웹 브라우저의 역할

웹 브라우저는 단순한 도구를 넘어, 사용자와 웹 애플리케이션 간의 가교 역할을 합니다.

- **정보 제공**: 웹 서버에서 데이터를 가져와 사용자에게 정보를 제공합니다.
- **상호작용**: JavaScript와 DOM을 통해 동적인 사용자 경험을 제공합니다.
- **보안**: HTTPS와 같은 프로토콜을 사용해 데이터를 암호화하고, 악성 코드로부터 사용자를 보호합니다.

6. 웹 브라우저 선택 시 고려 사항

사용자는 자신의 필요에 맞는 브라우저를 선택해야 합니다. 다음은 브라우저 선택 시 고려해야 할 요소들입니다.

- **성능**: 페이지 로딩 속도와 JavaScript 실행 속도.
- **확장성**: 플러그인과 확장 프로그램 지원 여부.
- **보안성**: 최신 보안 기술과 업데이트 지원.
- **호환성**: 웹 표준 준수 여부와 다양한 장치에서의 작동 가능성.

도메인과 호스팅

웹사이트를 만들고 사용자에게 공개하기 위해서는 **도메인**과 **호스팅**이라는 두 가지 필수 요소가 필요합니다. 도메인과 호스팅은 각각 웹사이트의 주소와 저장소 역할을 하며, 웹사이트가 인터넷에서 작동할 수 있도록 상호 보완적인 역할을 합니다. 이 장에서는 도메인과 호스팅의 개념, 역할, 그리고 작동 방식을 알아보겠습니다.

도메인과 호스팅은 웹사이트 운영의 기본적인 요소로, 각각 주소와 저장소의 역할을 담당합니다. 도메인은 사용자가 웹사이트에 접근할 수 있는 쉬운 경로를 제공하며, 호스팅은 데이터와 파일을 저장하고 사용자 요청에 따라 이를 전달합니다. 두 요소를 적절히 연결하고 관리하는 것은 성공적인 웹사이트 운영의 핵심입니다. 도메인과 호스팅의 원리를 이해하고 적합한 서비스를 선택하면, 안정적이고 신뢰할 수 있는 웹 환경을 구축할 수 있습니다.

1. 도메인이란 무엇인가

도메인은 웹사이트의 주소입니다. 사용자가 웹 브라우저에 입력하여 특정 웹사이트에 접근할 수 있도록 도와주는 고유한 식별자입니다다. 도메인은 사람이 쉽게 기억할 수 있도록 설계된 이름이며, 실제로는 숫자로 이루어진 IP 주소(예: 192.168.1.1)를 대체합니다.

도메인의 구성 요소

- **최상위 도메인(TLD)**: 도메인의 마지막 부분으로, ".com", ".org", ".net", ".kr" 등이 있습니다.
- **2차 도메인**: TLD 앞에 위치하며, 사용자가 등록하는 고유한 이름입니다. 예를 들어, "example"은 "example.com"에서 2차 도메인입니다.
- **서브도메인(Subdomain)**: 주 도메인 앞에 붙여 특정 섹션이나 기능을 구분합니다. 예: "blog.example.com"에서 "blog"는 서브도메인입니다.

도메인의 역할

1) **사용자 편의 제공**: IP 주소 대신 기억하기 쉬운 이름으로 웹사이트에 접근할 수 있도록 합니다.
2) **브랜드 정체성 강화**: 고유한 도메인 이름은 브랜드 이미지와 신뢰도를 높입니다.
3) **네트워크 식별**: 인터넷에서 특정 서버 또는 네트워크를 식별하는 데 사용됩니다.

2. 호스팅이란 무엇인가

호스팅은 웹사이트의 파일(HTML, CSS, JavaScript, 이미지 등)을 저장하고, 인터넷을 통해 사용자에게 제공하는 서버 공간을 의미합니다. 호스팅은 도메인과 함께 작동하며, 사용자가 웹사이트를 요청할 때 데이터를 전달하는 역할을 합니다.

| 호스팅의 유형

1) 공유 호스팅(Shared Hosting)
여러 웹사이트가 하나의 서버를 공유하는 방식으로, 소규모 웹사이트에 적합합니다. 비용이 저렴하지만, 서버 자원이 제한적입니다.

2) 가상 사설 서버(VPS, Virtual Private Server)
물리적 서버를 가상으로 분리하여 각 사용자에게 독립적인 자원을 제공합니다. 성능과 안정성이 뛰어나며 중소 규모 웹사이트에 적합합니다.

3) 전용 서버(Dedicated Server)
단일 사용자가 서버 전체를 사용하는 방식으로, 고성능과 대규모 트래픽 처리가 가능합니다.

4) 클라우드 호스팅(Cloud Hosting)
여러 서버가 연동된 클라우드 환경에서 웹사이트를 호스팅하는 방식으로, 확장성과 안정성이 뛰어납니다.

| 호스팅의 역할

1) **파일 저장**: 웹사이트의 데이터와 파일을 저장합니다.
2) **데이터 제공**: 사용자가 요청한 데이터를 서버에서 클라이언트로 전송합니다.
3) **보안 관리**: 서버와 데이터를 보호하며, SSL 인증서와 같은 보안 기능을 제공합니다.
4) **백업**: 데이터를 주기적으로 백업하여 데이터 손실을 방지합니다.

3. 도메인과 호스팅의 관계

　도메인과 호스팅은 독립적으로 작동하지만, 웹사이트를 운영하려면 둘의 연계가 필요합니다. 도메인은 웹사이트의 주소를 제공하며, 호스팅은 그 주소로 접속했을 때 사용자가 요청한 데이터를 반환하는 역할을 합니다. 이를 연결하기 위해 DNS(Domain Name System) 설정이 필요합니다. DNS는 도메인 이름을 호스팅 서버의 IP 주소로 변환하여 사용자가 원하는 웹사이트에 접속할 수 있도록 합니다.

4. 도메인과 호스팅의 작동 과정

1) 도메인 입력: 사용자가 브라우저에 도메인 이름을 입력합니다.

2) DNS 조회: DNS 서버가 도메인을 IP 주소로 변환합니다.

3) 서버 요청: 변환된 IP 주소를 기반으로 사용자의 요청이 호스팅 서버로 전달됩니다.

4) 데이터 응답: 호스팅 서버는 요청받은 데이터를 사용자에게 반환합니다.

5) 브라우저 렌더링: 브라우저가 반환된 데이터를 해석하고 웹 페이지를 화면에 표시합니다.

5. 도메인과 호스팅 선택 시 고려 사항

| 도메인 선택 시 고려 사항

- **간결성**: 기억하기 쉽고 짧은 도메인을 선택합니다.
- **브랜드 일관성**: 비즈니스 이름과 일치하는 도메인을 선택하여 신뢰도를 높입니다.
- **TLD 선택**: 대상 사용자를 고려하여 적합한 TLD(.com, .org, .kr 등)를 선택합니다.

| 호스팅 선택 시 고려 사항

- **트래픽 용량**: 예상되는 방문자 수에 따라 적합한 호스팅 플랜을 선택합니다.
- **성능**: 속도와 가동 시간을 보장하는 호스팅을 선택합니다.
- **보안**: SSL 인증서와 정기 백업 등 보안 옵션을 제공하는 호스팅을 선택합니다.
- **확장성**: 향후 트래픽 증가나 서비스 확장에 대비할 수 있는 호스팅 환경을 선택합니다.

다양한 웹사이트의 형태

웹사이트는 사용 목적과 대상에 따라 다양한 형태로 구성되며, 각각 고유한 디자인과 기능을 필요로 합니다. 웹사이트의 형태를 이해하면, 특정 요구에 맞는 설계와 개발을 효과적으로 진행할 수 있습니다. 웹 개발자는 이러한 다양한 웹사이트 유형에 대한 이해를 바탕으로, 사용자에게 최적화된 경험을 제공하는 데 중점을 두어야 합니다.

아래는 대표적인 웹사이트의 형태와 특징에 대한 설명입니다.

1. 개인 및 블로그 웹사이트

개인 웹사이트와 블로그는 주로 개인의 생각, 경험, 지식을 공유하기 위해 사용됩니다.

특징
- 간단한 디자인과 직관적인 내비게이션.
- 글, 사진, 동영상과 같은 콘텐츠 중심.
- 주기적인 업데이트를 통해 독자와 소통.

2. 기업 및 브랜드 웹사이트

기업 웹사이트는 브랜드 홍보와 제품/서비스 정보를 제공하며, 고객과의 접점을 마련하는 데 중점을 둡니다.

특징

- 브랜드 이미지 강화에 초점을 둔 디자인.
- 회사 소개, 제품/서비스 설명, 고객 지원 정보 포함.
- B2B 또는 B2C 거래를 위한 기능 제공.

3. 전자상거래(E-commerce) 웹사이트

전자상거래 웹사이트는 상품과 서비스를 온라인으로 판매하고, 결제와 배송 과정을 처리합니다.

특징

- 상품 카탈로그, 장바구니, 결제 시스템.
- 사용자 리뷰, 추천 시스템 등 고객 경험 강화 기능.
- 보안이 중요한 요소(SSL 인증, 안전한 결제 게이트웨이).

4. 포털 및 검색 엔진 웹사이트

　포털과 검색 엔진은 다양한 콘텐츠를 집계하고 사용자에게 맞춤형 정보를 제공하는 웹사이트입니다.

특징
- 뉴스, 이메일, 날씨, 커뮤니티 등 다양한 기능 제공.
- 검색을 통해 필요한 정보를 빠르게 찾을 수 있는 시스템.

5. 소셜 네트워크 웹사이트

　소셜 네트워크 사이트는 사용자 간의 소통과 네트워크 형성을 돕는 플랫폼입니다.

특징
- 사용자 프로필, 게시물 작성, 댓글 및 메시징 기능.
- 실시간 알림과 데이터 피드를 통해 사용자 참여 유도.
- 대규모 사용자 데이터와 개인화된 경험 제공.

6. 미디어 스트리밍 웹사이트

이 유형의 웹사이트는 동영상, 음악, 팟캐스트 등 다양한 미디어 콘텐츠를 스트리밍 방식으로 제공합니다.

특징
- 실시간 또는 주문형(On-Demand) 콘텐츠 제공.
- 사용자 친화적인 인터페이스와 추천 알고리즘 활용.
- 대역폭과 서버 안정성이 중요한 요소.

7. 교육 및 학습 웹사이트

교육 웹사이트는 학습 자료와 온라인 강의를 제공하며, 자기 계발이나 학업을 돕는 플랫폼입니다.

특징
- 강의 콘텐츠, 퀴즈 및 테스트 기능 제공.
- 진도 관리 및 학습 통계 표시.
- 인증서 발급 및 커뮤니티 기능 포함.

8. 포럼 및 커뮤니티 웹사이트

포럼과 커뮤니티 웹사이트는 특정 주제에 관심 있는 사용자들이 모여 정보를 공유하고 소통하는 공간입니다.

특징
- 게시판, 댓글 및 답변 시스템.
- 사용자 간의 지식 교환과 네트워킹 촉진.
- 관리자가 콘텐츠와 커뮤니티를 조율.

9. 정부 및 공공기관 웹사이트

정부와 공공기관의 웹사이트는 국민들에게 서비스를 제공하고, 정보를 투명하게 공개하는 데 중점을 둡니다.

특징
- 공공 서비스 접근성과 행정 정보 제공.
- 복잡한 문서를 쉽게 탐색할 수 있도록 설계.
- 다국어 지원 및 접근성 강화.

10. 포트폴리오 및 개인 브랜드 웹사이트

포트폴리오 사이트는 개인의 전문성을 보여 주기 위한 용도로, 프리랜서나 예술가, 개발자 등이 주로 사용합니다.

특징
- 직관적인 디자인과 시각적 요소 강조.
- 개인 이력, 프로젝트 사례, 연락처 정보 포함.

웹 개발 준비하기

웹 개발을 시작하려면 필요한 기본 개념과 도구를 이해하고, 적절한 개발 환경을 설정해야 합니다. 이 단계는 실제 코드를 작성하기 전에 웹 개발의 기초를 다지고, 효율적으로 작업할 수 있는 기반을 마련하는 과정입니다. 아래에서는 웹 개발을 준비하는 데 필요한 주요 요소들을 살펴봅니다.

웹 개발을 시작하려면 기초 기술에 대한 이해와 적절한 개발 환경 설정이 필수적입니다. HTML, CSS, JavaScript의 역할을 명확히 이해하고, 효율적인 개발 도구와 구조를 통해 체계적으로 작업을 시작해 보세요. 웹 개발의 첫걸음을 탄탄히 다지면 이후의 학습과 실무에서도 큰 도움이 될 것입니다.

1. 웹 개발, 어디서부터 시작할까

웹 개발을 시작하기 위해서는 HTML, CSS, JavaScript라는 기본 기술을 이해해야 합니다. 이들은 웹의 기본 구조를 정의하고, 스타일을 적용하며, 동적인 동작을 구현하는 데 사용됩니다.

1) HTML(HyperText Markup Language)

- 웹 페이지의 뼈대를 만드는 언어로, 문서의 구조와 콘텐츠를 정의합니다.
- 예: 제목, 문단, 이미지, 링크 등.

2) CSS(Cascading Style Sheets)

- HTML 문서에 스타일을 추가하여 웹 페이지의 외형을 꾸밉니다.
- 예: 색상, 글꼴, 레이아웃 등.

3) JavaScript

- 웹 페이지에 동적인 동작을 추가하는 프로그래밍 언어입니다.
- 예: 버튼 클릭 이벤트, 데이터 로딩, 애니메이션 등.

이 세 가지 기술은 웹 개발의 필수 기본 요소로, 각 기술의 역할을 명확히 이해하는 것이 중요합니다.

2. 웹 개발 환경 설정하기

효율적인 개발을 위해 적절한 도구와 환경을 설정하는 것이 중요합니다. 다음은 웹 개발에 필요한 주요 도구와 설정 과정입니다.

1) 코드 편집기 또는 통합 개발 환경(IDE)

- 웹 개발에 가장 많이 사용되는 편집기는 VS Code(Visual Studio Code)입니다.
- **추천 플러그인**: HTML, CSS, JavaScript에 대한 코드 완성과 디버깅을 도와주는 확장 프로그램.
- **Prettier**: 코드 포맷터.
- **Live Server**: 코드 변경 시 브라우저에서 실시간 미리보기.

2) 웹 브라우저

- 개발과 테스트를 위해 브라우저가 필요합니다.
- **추천 브라우저**: Google Chrome(강력한 개발자 도구 제공).
- **브라우저 개발자 도구**: DOM 구조 탐색, CSS 편집, JavaScript 디버깅, 네트워크 요청 분석.

3) 버전 관리 시스템(Git)

- 코드의 버전을 관리하고, 협업 시 변경 사항을 추적합니다.
- **Git 사용 기본 명령어**

```
git init         # 새 Git 저장소 초기화
git add .        # 변경된 파일 추가
git commit -m "Message"  # 커밋
git push         # 원격 저장소로 푸시
```

3. 웹 개발에서 꼭 알아야 할 개념

1) 파일 구조 이해

- HTML, CSS, JavaScript 파일을 논리적으로 조직화하여 작업 효율을 높입니다.
- 예시

2) 웹 표준 준수

- W3C 웹 표준을 따르는 코드는 브라우저 간 호환성과 접근성을 보장합니다.

3) 웹 접근성

- 시각 장애인, 색각 이상 사용자 등 누구나 쉽게 웹을 이용할 수 있도록 설계합니다.

- **예시**: 이미지 태그에 alt 속성 추가.

```
<img src="logo.png" alt="회사 로고">
```

4) 웹 개발의 흐름

- **요청과 응답**: 브라우저가 서버에 요청을 보내고, 서버가 HTML, CSS, JavaScript 파일을 응답합니다.
- **렌더링**: 브라우저는 응답받은 파일을 해석하여 화면에 표시합니다.

인터넷 세상에서 우리가 매일 만나는 웹 페이지는 무엇으로 만들어졌을까요? 웹 페이지의 뼈대이자 기본 언어인 HTML(HyperText Markup Language)은 바로 그 답입니다. HTML은 웹 개발의 출발점이자 가장 기본적인 요소로, 웹 페이지의 구조와 내용을 정의하는 데 사용됩니다.

우리가 읽는 기사, 보는 이미지, 클릭하는 버튼 모두 HTML을 통해 만들어집니다. HTML은 단순히 콘텐츠를 표현하는 것을 넘어, 브라우저와 소통하며 웹 페이지를 사용자에게 어떻게 보여 줄지 결정하는 중요한 역할을 합니다. 이를 통해 사용자는 단순한 텍스트 이상의 풍부한 웹 경험을 할 수 있습니다.

이 장에서는 HTML의 기본 개념부터 시작하여, 웹 문서의 구조를 어떻게 구성하고 작성하는지 차근차근 배워 나갑니다. 단순히 태그를 외우는 것을 넘어, HTML을 통해 의미 있는 콘텐츠를 구조화하고, 다른 기술(CSS, JavaScript)과 협력하여 웹을 완성하는 과정을 이해하게 될 것입니다.

HTML은 단순하지만 강력한 도구로, 웹 개발의 첫걸음을 내딛는 데 없어서는 안 될 기초입니다. 지금부터 HTML과 함께 웹 개발의 세계를 탐험해 봅시다! 이 여정은 웹의 원리를 이해하고, 자신만의 창의적인 웹 페이지를 만드는 흥미로운 도전이 될 것입니다.

2부
HTML

HTML의 기본 개념과 문서 구조

HTML(HyperText Markup Language)은 웹 페이지의 구조를 정의하고, 콘텐츠를 표현하는 데 사용되는 기본적인 마크업 언어입니다. HTML은 텍스트, 이미지, 링크, 비디오 등 다양한 요소를 포함하며, 웹 브라우저가 이를 해석하여 사용자가 볼 수 있는 화면을 렌더링합니다. HTML은 모든 웹 페이지의 뼈대 역할을 하며, 웹 개발의 첫 번째 단계로 필수적으로 이해해야 하는 기술입니다.

1. HTML의 기본 개념

HTML은 "HyperText Markup Language"의 약자로, 다음과 같은 특징을 가지고 있습니다:

1) **HyperText**: HTML은 다른 문서나 페이지로 연결되는 하이퍼링크를 지원합니다. 이를 통해 웹은 정보와 문서를 유기적으로 연결하는 거대한 네트워크를 형성합니다.

2) **Markup Language**: HTML은 텍스트에 태그를 추가하여 문서의 구조와 의미를 정의합니다. 태그는 콘텐츠의 역할을 나타내고, 브라우저

가 이를 해석하여 사용자에게 표시합니다.

HTML의 주요 역할

- **구조 정의**: 웹 페이지의 계층적 구조를 정의합니다.
- **의미 전달**: 시멘틱 태그를 통해 콘텐츠의 의미를 명확히 나타냅니다.
- **기능 확장**: CSS와 JavaScript와 결합하여 스타일링과 동적인 기능을 제공합니다.

HTML 문서는 태그(tag)를 기반으로 작성됩니다. 태그는 열림 태그(〈태그명〉)와 닫힘 태그(〈/태그명〉)로 구성되며, 콘텐츠를 감싸서 그 의미를 정의합니다.

예:

```
〈h1〉HTML의 기본 개념〈/h1〉
〈p〉HTML은 웹 페이지의 구조를 정의하는 언어입니다.〈/p〉
```

2. HTML 문서의 구조

HTML 문서는 웹 페이지의 기본적인 뼈대를 정의하며, 특정 규칙에 따라 작성됩니다. 모든 HTML 문서는 표준화된 구조를 따르며, 이는 브라우저가 문서를 정확히 해석하고 렌더링하는 데 중요합니다.

HTML5 기본 문서 구조

```html
<!DOCTYPE html>
<html lang="en">
<head>
    <meta charset="UTF-8">
    <meta name="viewport" content="width=device-width, initial-scale=1.0">
    <title>문서 제목</title>
</head>
<body>
    <h1>HTML 문서의 구조</h1>
    <p>이 문서는 HTML 문서 구조의 예제입니다.</p>
</body>
</html>
```

구성 요소 설명

1) 문서 유형 선언(Doctype)

```html
<!DOCTYPE html>
```

- HTML 문서가 HTML5 표준을 따르고 있음을 선언합니다.

- 문서의 첫 줄에 위치하며, 브라우저가 문서를 올바르게 해석하도록 돕습니다.

2) HTML 요소(⟨html⟩)

```
<html lang="en">
...
</html>
```

- HTML 문서의 최상위 요소로, 모든 콘텐츠를 포함합니다.
- lang 속성은 문서의 기본 언어를 지정하며, 접근성과 SEO에 영향을 미칩니다.

3) 헤드 요소(⟨head⟩)

```
<head>
    <meta charset="UTF-8">
    <meta name="viewport" content="width=device-width, initial-scale=1.0">
    <title>문서 제목</title>
</head>
```

- 문서의 메타데이터(문서 정보를 설명하는 데이터)를 포함합니다.
- 브라우저에 직접 표시되지 않지만, 웹 페이지의 성능과 검색 엔진 최적화(SEO)에 중요한 역할을 합니다.

헤드 요소에 포함되는 주요 태그

- ⟨meta⟩: 문자 인코딩(UTF-8), 뷰포트 설정 등 메타데이터를 정의합니다.
- ⟨title⟩: 브라우저 탭에 표시될 문서 제목을 지정합니다.
- ⟨link⟩: 외부 CSS 파일이나 기타 리소스를 연결합니다.
- ⟨style⟩: 문서 내부에서 CSS 스타일을 정의합니다.
- ⟨script⟩: JavaScript 코드를 추가하거나 외부 스크립트를 연결합니다.

4) 바디 요소(⟨body⟩)

```
⟨body⟩
    ⟨h1⟩HTML 문서의 구조⟨/h1⟩
    ⟨p⟩HTML 문서는 웹 페이지의 기본 뼈대를 정의합니다.⟨/p⟩
⟨/body⟩
```

- 실제 웹 페이지에 표시될 콘텐츠를 포함합니다.
- 텍스트, 이미지, 비디오, 링크, 폼, 버튼 등의 다양한 HTML 요소가 포함됩니다.

3. HTML 문서의 계층 구조

HTML 문서는 계층적인 구조를 가지고 있으며, 각 요소는 부모-자식 관계를 형성합니다. 이러한 계층 구조는 웹 페이지의 논리적 흐름과 레이아웃을 정의합니다.

예제

```
<body>
  <div>
    <h1>HTML 문서</h1>
    <p>이 문서는 HTML 문서 구조를 설명합니다.</p>
  </div>
</body>
```

- ⟨body⟩는 ⟨div⟩의 부모 요소.
- ⟨div⟩는 ⟨h1⟩과 ⟨p⟩의 부모 요소.
- ⟨h1⟩과 ⟨p⟩는 ⟨div⟩의 자식 요소.

이 계층적 구조는 HTML 문서의 의미를 논리적으로 표현하며, 스타일링(CSS)과 동적 동작(JavaScript)을 추가하는 기반이 됩니다.

4. HTML의 특성과 한계

HTML은 웹 페이지의 구조와 콘텐츠를 정의하는 데 적합하지만, 다음과 같은 한계를 가집니다:

- **스타일링**: HTML은 콘텐츠를 표시할 뿐, 시각적 스타일은 CSS에 의해 정의됩니다.
- **동작**: HTML은 정적인 콘텐츠를 제공하며, 동적인 상호작용은

JavaScript로 구현됩니다.

　HTML은 웹 페이지의 기본 구조를 정의하며, 올바른 문서 구조를 이해하는 것은 웹 개발의 필수적인 첫걸음입니다. Doctype 선언, HTML, Head, Body로 구성된 표준화된 구조를 준수하면 브라우저가 콘텐츠를 정확히 렌더링할 수 있습니다. HTML 문서 구조를 명확히 이해하면 이후의 CSS와 JavaScript를 활용한 작업에서도 더욱 효율적으로 작업할 수 있습니다.

HTML 파일 생성과 시멘틱 태그 사용

웹 페이지를 만들기 위해서는 먼저 HTML 파일을 생성해야 합니다. 이후, 시멘틱 태그를 사용하여 문서를 구조화하면 웹 페이지의 의미를 명확히 하고, 접근성과 SEO를 향상시킬 수 있습니다. HTML 파일 작성 과정과 시멘틱 태그 사용 방법을 단계별로 살펴보겠습니다.

시멘틱 태그를 적절히 사용하는 것은 웹 페이지의 접근성과 유지보수성을 향상시키는 데 매우 중요합니다. 시멘틱 태그는 문서 구조를 명확히 하고, 검색 엔진과 사용자가 콘텐츠를 더 잘 이해할 수 있도록 돕습니다. 올바른 HTML 파일 작성과 시멘틱 태그 활용은 효율적이고 의미 있는 웹 개발의 첫걸음이 될 것입니다.

1. HTML 파일 생성하기

1) 코드 편집기 설치

HTML 파일을 작성하려면 텍스트 편집기나 통합 개발 환경(IDE)이 필요합니다.

- **추천 편집기**: **Visual Studio Code(VS Code)**, Cursor, Sublime Text, Atom.

- VS Code를 설치한 경우, 확장 프로그램을 통해 코드 자동 완성과 같은 기능을 사용할 수 있습니다.

2) HTML 파일 생성
- 새 파일을 생성한 후, .html 확장자로 저장합니다.
- **예**: index.html.
- 저장 경로는 프로젝트 폴더 내에서 적절히 설정합니다.

3) HTML 문서 기본 구조 작성
아래는 기본 HTML 문서 구조입니다.

```
<!DOCTYPE html>
<html lang="en">
<head>
    <meta charset="UTF-8">
    <meta name="viewport" content="width=device-width, initial-scale=1.0">
    <title>HTML 파일 생성</title>
</head>
<body>
    <h1>안녕하세요, HTML입니다!</h1>
    <p>HTML 파일이 성공적으로 생성되었습니다.</p>
</body>
</html>
```

4) 브라우저에서 확인

- 저장한 HTML 파일을 브라우저(Chrome, Firefox 등)로 열어 작성한 콘텐츠를 확인합니다.
- HTML 코드를 수정한 후에는 새로 고침(F5) 하여 변경 사항을 적용합니다.

2. 시멘틱 태그란 무엇인가

시멘틱 태그(Semantic Tag)는 콘텐츠의 의미를 명확히 전달하는 HTML 요소입니다. 시멘틱 태그를 사용하면 브라우저, 검색 엔진 그리고 보조 기술(스크린 리더 등)이 콘텐츠를 더 잘 이해할 수 있습니다.

| 시멘틱 태그의 장점

1) **의미 전달**: 태그 이름만으로 콘텐츠의 목적과 의미를 이해할 수 있습니다.
2) **SEO 강화**: 검색 엔진이 콘텐츠 구조를 더 잘 파악하여 검색 순위를 개선합니다.
3) **접근성 향상**: 시각 장애인을 위한 스크린 리더가 콘텐츠를 명확히 설명할 수 있습니다.
4) **유지보수 용이**: 코드 가독성이 높아지고, 협업 시 문서 구조를 쉽게 이해할 수 있습니다.

3. 주요 시멘틱 태그

1) ⟨header⟩: 페이지나 섹션의 머리말로, 제목과 내비게이션 등을 포함합니다.
2) ⟨nav⟩: 내비게이션 링크를 정의하며, 주요 메뉴나 링크 모음을 표시합니다.
3) ⟨main⟩: 페이지의 주요 콘텐츠 영역으로, 반복적이지 않은 핵심 콘텐츠를 포함합니다.
4) ⟨article⟩: 독립적으로 구성된 콘텐츠(예: 기사, 블로그 게시글).
5) ⟨section⟩: 주제별 콘텐츠를 구획하는 데 사용합니다.
6) ⟨aside⟩: 보조 정보(예: 광고, 관련 링크)를 표시합니다.
7) ⟨footer⟩: 페이지나 섹션의 바닥글로, 저작권 정보나 연락처를 포함합니다.

4. 시멘틱 태그 사용 예제

```
<!DOCTYPE html>
<html lang="en">
<head>
    <meta charset="UTF-8">
    <meta name="viewport" content="width=device-width, initial-scale=1.0">
    <title>시멘틱 태그 사용 예제</title>
```

```html
</head>
<body>
    <header>
        <h1>내 웹 페이지</h1>
        <nav>
            <a href="#section1">소개</a>
            <a href="#section2">서비스</a>
            <a href="#section3">연락처</a>
        </nav>
    </header>
    <main>
        <section id="section1">
            <h2>소개</h2>
            <p>이 웹 페이지는 시멘틱 태그를 사용하는 방법을 보여 줍니다.</p>
        </section>
        <section id="section2">
            <h2>서비스</h2>
            <p>우리는 최고의 웹 개발 서비스를 제공합니다.</p>
        </section>
        <section id="section3">
            <h2>연락처</h2>
            <p>문의 사항은 이메일로 보내 주세요: info@example.com</p>
        </section>
    </main>
    <footer>
        <p>© 2024, 내 웹 페이지</p>
    </footer>
</body>
</html>
```

예제 설명
- ⟨header⟩: 제목과 내비게이션 링크를 포함합니다.
- ⟨main⟩: 주요 콘텐츠를 포함하며, 섹션으로 나눕니다.
- ⟨section⟩: 각각의 주제를 구분하여 논리적 구조를 제공합니다.
- ⟨footer⟩: 페이지 하단에 저작권 정보를 표시합니다.

5. 시멘틱 태그 작성 시 주의 사항

1) 적절한 태그 사용
- 시멘틱 태그는 콘텐츠의 의미와 일치하도록 사용해야 합니다.
- 예: 페이지 주요 내비게이션에는 ⟨nav⟩ 태그를 사용하고, 일반 링크 모음에는 사용하지 않습니다.

2) 과도한 사용 자제
- 의미 없는 곳에 시멘틱 태그를 남발하면 오히려 가독성을 저하시킬 수 있습니다.

3) W3C 유효성 검사
- 작성한 HTML 문서를 W3C Validator로 검사하여 시멘틱 태그 사용과 문법 오류를 점검합니다.

웹 문서에 콘텐츠 추가

웹 페이지는 사용자가 원하는 정보를 효과적으로 전달하기 위한 디지털 공간입니다. 웹 개발자의 역할은 HTML을 사용하여 웹 페이지에 적절한 콘텐츠를 배치하고, 이를 구조화하여 사용자에게 의미 있는 경험을 제공하는 것입니다. 텍스트, 이미지, 동영상, 하이퍼링크와 같은 다양한 콘텐츠는 웹 페이지의 본질을 이루며, 이를 올바르게 활용하면 사용자와 웹 페이지 간의 상호작용을 극대화할 수 있습니다.

이 장에서는 HTML을 사용해 웹 문서에 다양한 유형의 콘텐츠를 추가하고, 콘텐츠를 시각적, 기능적으로 풍성하게 만드는 방법을 배웁니다. 텍스트와 리스트를 이용한 정보 정리, 표로 데이터 구성, 이미지와 멀티미디어 콘텐츠 삽입, 그리고 하이퍼링크를 통한 연결 방법까지 다룰 것입니다. 이러한 기초적인 작업은 웹 페이지 제작의 핵심 기술로, 사용자 경험(UX)을 설계하는 첫걸음이기도 합니다.

이 장의 학습을 통해 웹 페이지에 적합한 콘텐츠를 효율적으로 배치하고 구성할 수 있는 능력을 갖추게 될 것입니다. 이제 다양한 콘텐츠를 추가하여 생동감 넘치는 웹 페이지를 만들어 봅시다!

텍스트와 목록

웹 페이지의 가장 기본적인 요소 중 하나는 텍스트입니다. 텍스트는 정보를 전달하는 핵심적인 매체로, 적절하게 배치하고 구조화하면 사용자가 콘텐츠를 쉽게 이해할 수 있습니다. 또한, 목록은 텍스트를 정리하고, 관련된 항목들을 그룹화하여 시각적으로 명확하게 표현하는 데 유용합니다.

이 섹션에서는 HTML을 사용해 텍스트를 추가하는 방법과 목록을 작성하는 기초적인 방법을 살펴보겠습니다. 텍스트와 목록 요소는 단순하지만, 웹 문서의 가독성과 사용성을 크게 향상시킬 수 있는 중요한 구성 요소입니다.

텍스트와 목록은 웹 페이지의 기본 구성 요소로, 정보를 구조적으로 표현하는 데 필수적입니다. 적절한 태그를 활용하여 콘텐츠를 명확히 작성하면 사용자와의 소통이 원활해지고, 웹 페이지의 가독성과 접근성이 향상됩니다. 텍스트와 목록을 효과적으로 배치하여 체계적이고 읽기 쉬운 웹 페이지를 설계해 보세요!

1. 텍스트 추가

HTML에서는 텍스트를 작성하기 위해 다양한 태그를 제공합니다. 각 태그는 특정한 의미를 가지고 있으며, 텍스트의 역할과 구조를 정의합니다.

| 텍스트 관련 주요 태그

1) 제목 태그(⟨h1⟩~⟨h6⟩)
- 제목이나 섹션의 주제를 나타냅니다.
- ⟨h1⟩은 가장 중요한 제목, ⟨h6⟩은 가장 덜 중요한 제목을 나타냅니다.
- 예:

```
<h1>최상위 제목</h1>
<h2>중간 제목</h2>
<h3>하위 제목</h3>
```

2) 문단 태그(⟨p⟩)
- 일반 텍스트를 작성할 때 사용합니다.
- 예:

```
<p>이것은 문단을 나타내는 텍스트입니다.</p>
```

3) 강조 태그

- **굵게(《strong》)**: 중요한 텍스트를 강조할 때 사용.

이 텍스트는 중요합니다.

- **기울임(《em》)**: 텍스트를 강조하거나, 어조를 표현할 때 사용.

이 텍스트는 강조됩니다.

4) 줄 바꿈 태그(《br》)

- 텍스트 사이에 줄을 바꾸고 싶을 때 사용.

첫 번째 줄
두 번째 줄

2. 목록 추가

목록은 항목들을 체계적으로 나열하는 데 사용됩니다. HTML에서는 순서 있는 목록(ordered list)과 **순서 없는 목록**(unordered list) 두 가지 유형의 목록을 지원합니다.

순서 없는 목록(⟨ul⟩)

- 항목의 순서가 중요하지 않을 때 사용합니다.
- 각 항목은 ⟨li⟩(list item) 태그로 정의합니다.
- 예:

```
⟨ul⟩
   ⟨li⟩HTML⟨/li⟩
   ⟨li⟩CSS⟨/li⟩
   ⟨li⟩JavaScript⟨/li⟩
⟨/ul⟩
```

출력:

- HTML
- CSS
- JavaScript

순서 있는 목록(⟨ol⟩)

- 항목의 순서가 중요할 때 사용합니다.
- 각 항목은 ⟨li⟩로 정의합니다.
- 예:

```
⟨ol⟩
   ⟨li⟩HTML 배우기⟨/li⟩
   ⟨li⟩CSS 배우기⟨/li⟩
   ⟨li⟩JavaScript 배우기⟨/li⟩
⟨/ol⟩
```

출력:
- HTML 배우기
- CSS 배우기
- JavaScript 배우기

중첩 목록
- 목록 안에 목록을 포함할 수 있습니다.
- 예:

```
<ul>
   <li>프로그래밍 언어
      <ul>
         <li>Python</li>
         <li>JavaScript</li>
      </ul>
   </li>
   <li>마크업 언어
      <ol>
         <li>HTML</li>
         <li>XML</li>
      </ol>
   </li>
</ul>
```

출력:
- 프로그래밍 언어
    1) Python
    2) JavaScript
- 마크업 언어
    1) HTML
    2) XML

3. 텍스트와 목록을 함께 활용한 예제

```html
<!DOCTYPE html>
<html lang="en">
<head>
   <meta charset="UTF-8">
   <meta name="viewport" content="width=device-width, initial-scale=1.0">
   <title>텍스트와 목록</title>
</head>
<body>
   <h1>웹 개발 학습 계획</h1>
   <p>아래는 웹 개발을 배우는 데 필요한 주요 단계들입니다.</p>
   <h2>1단계: 기초 배우기</h2>
   <ul>
      <li>HTML</li>
      <li>CSS</li>
      <li>JavaScript</li>
   </ul>
   <h2>2단계: 심화 학습</h2>
   <ol>
      <li>React</li>
      <li>Node.js</li>
      <li>Database 관리</li>
   </ol>
   <p>위의 학습 계획을 따르면 웹 개발을 체계적으로 익힐 수 있습니다.</p>
</body>
</html>
```

이미지와 하이퍼링크

이미지와 하이퍼링크는 웹 페이지의 시각적 요소와 상호작용을 담당하는 중요한 구성 요소입니다. 이미지는 콘텐츠를 시각적으로 보완하여 사용자 경험을 향상시키며, 하이퍼링크는 웹 페이지 간의 연결성을 제공해 사용자가 다양한 정보를 탐색할 수 있도록 돕습니다. 이 장에서는 HTML을 사용해 이미지와 하이퍼링크를 삽입하고 활용하는 방법을 다룹니다.

이미지와 하이퍼링크는 웹 페이지의 시각적 매력과 탐색성을 높이는 핵심적인 요소입니다. 이미지를 적절히 삽입하여 콘텐츠를 보완하고, 하이퍼링크를 통해 웹 페이지 간의 유기적인 연결성을 제공하세요. 두 요소를 효과적으로 활용하면 사용자 경험을 크게 향상시킬 수 있습니다.

1. 이미지 삽입

HTML에서 이미지를 삽입할 때는 〈img〉 태그를 사용합니다. 〈img〉 태그는 닫는 태그가 필요 없는 **빈 요소**이며, 이미지의 경로와 대체 텍스트를 속성을 통해 정의합니다.

기본 문법

```
<img src="이미지 경로" alt="대체 텍스트">
```

속성 설명

1) src: 이미지 파일의 경로를 지정합니다.

- 절대 경로: 인터넷상의 이미지 URL 사용.

```
<img src="https://example.com/image.jpg" alt="예제 이미지">
```

- 상대 경로: 로컬 프로젝트 폴더에 있는 이미지 파일 사용.

```
<img src="images/photo.jpg" alt="사진">
```

2) alt: 이미지를 대체하는 텍스트로, 이미지가 로드되지 않을 때 표시됩니다. 접근성을 위해 필수적으로 작성합니다.

```
<img src="images/photo.jpg" alt="산과 강이 있는 풍경">
```

3) 추가 속성:

- **width와 height**: 이미지 크기를 지정합니다.

```
<img src="images/photo.jpg" alt="사진" width="300" height="200">
```

- **title**: 마우스를 올렸을 때 툴팁으로 표시될 텍스트.

```
<img src="images/photo.jpg" alt="사진" title="풍경 사진">
```

이미지 삽입 예제

```
<img src="images/sunset.jpg" alt="해질녘 풍경" width="600" height="400">
```

2. 하이퍼링크 삽입

HTML에서 하이퍼링크는 <a> 태그를 사용하여 정의합니다. 하이퍼링크는 웹 페이지 간의 이동을 가능하게 하며, 외부 리소스나 파일로 연결할 수도 있습니다.

기본 문법

```
<a href="링크 주소">클릭 가능한 텍스트</a>
```

속성 설명

1) href: 연결할 URL을 지정합니다.

- 내부 링크: 동일한 사이트 내의 경로를 지정.

```
<a href="about.html">About 페이지</a>
```

- 외부 링크: 다른 웹사이트 URL을 지정.

```
<a href="https://example.com">예제 사이트</a>
```

2) target: 링크 클릭 시 열리는 방식을 지정합니다.

- **_self(기본값)**: 현재 탭에서 열림.
- **_blank**: 새 탭에서 열림.

```
<a href="https://example.com" target="_blank">새 탭에서 열기</a>
```

3) title: 링크에 대한 추가 정보를 제공합니다.

```
<a href="https://example.com" title="예제 사이트로 이동">링크</a>
```

하이퍼링크 삽입 예제

```
<a href="https://www.wikipedia.org" target="_blank" title="위키백과로 이동">위키백과 방문</a>
```

3. 이미지와 하이퍼링크를 함께 사용하기

이미지를 클릭했을 때 다른 페이지나 리소스로 이동하도록 하려면 〈a〉 태그 안에 〈img〉 태그를 중첩시킵니다.

예제

```
<a href="https://example.com">
   <img src="images/logo.png" alt="로고 이미지" width="200">
</a>
```

- 사용자가 이미지를 클릭하면 지정된 URL로 이동합니다.

4. 이미지와 하이퍼링크를 활용한 종합 예제

```html
<!DOCTYPE html>
<html lang="en">
<head>
    <meta charset="UTF-8">
    <meta name="viewport" content="width=device-width, initial-scale=1.0">
    <title>이미지와 하이퍼링크</title>
</head>
<body>
    <h1>이미지와 하이퍼링크 예제</h1>

    <!-- 이미지 삽입 -->
    <h2>이미지 삽입</h2>
    <img src="images/sunset.jpg" alt="해질녘 풍경" width="600" height="400">

    <!-- 하이퍼링크 삽입 -->
    <h2>하이퍼링크 삽입</h2>
    <p>다음 링크를 클릭하면 구글로 이동합니다:</p>
    <a href="https://www.google.com" target="_blank" title="구글로 이동">Google 방문</a>
    <!-- 이미지와 하이퍼링크 결합 -->
    <h2>이미지와 하이퍼링크 결합</h2>
     <a href="https://www.nasa.gov" target="_blank" title="NASA로 이동">
        <img src="images/nasa-logo.png" alt="NASA 로고" width="300">
    </a>
</body>
</html>
```

5. 작성 시 주의 사항

1) 대체 텍스트(alt) 필수 작성
- 이미지가 로드되지 않거나 보조 기술(스크린 리더)을 사용하는 사용자를 위해 반드시 alt 속성을 작성해야 합니다.

2) 링크의 목적 명확화
- 하이퍼링크는 사용자가 목적을 이해할 수 있도록 명확한 텍스트를 제공해야 합니다.
- "여기를 클릭하세요"보다는 "Google 방문"처럼 구체적으로 작성합니다.

3) 이미지 크기 최적화
- 고해상도 이미지는 성능에 영향을 미칠 수 있으므로 크기를 조정하고, 웹 친화적인 형식(JPG, PNG)으로 저장합니다.

4) 링크의 보안
- 외부 링크에는 HTTPS를 사용하여 보안 연결을 유지합니다.

오디오와 비디오 콘텐츠

오디오와 비디오는 웹 페이지에서 정보를 전달하고 사용자 경험(UX)을 풍부하게 만드는 중요한 멀티미디어 요소입니다. HTML5에서는 오디오와 비디오 콘텐츠를 간편하게 삽입하고 제어할 수 있는 태그를 제공합니다. 이 장에서는 오디오와 비디오 콘텐츠를 삽입하는 방법과 주요 속성을 살펴봅니다.

오디오와 비디오 콘텐츠는 웹 페이지에 생동감을 더하고 사용자 경험을 풍부하게 만드는 중요한 요소입니다. HTML5의 〈audio〉와 〈video〉 태그를 활용하면 간단하게 멀티미디어 콘텐츠를 삽입하고 제어할 수 있습니다. 이를 적절히 사용하여 사용자에게 유익하고 매력적인 콘텐츠를 제공해 보세요!

1. 오디오 콘텐츠 삽입

HTML에서 오디오 콘텐츠를 삽입할 때는 〈audio〉 태그를 사용합니다. 〈audio〉 태그는 다양한 오디오 파일 형식(MP3, OGG, WAV)을 지원하며, 기본 재생 컨트롤을 제공합니다.

기본 문법

```
<audio src="파일경로" controls></audio>
```

주요 속성

1) **src**: 오디오 파일의 경로를 지정합니다.

2) **controls**: 재생, 일시 정지, 볼륨 조절 등 기본 컨트롤을 표시합니다.

3) **autoplay**: 페이지 로드 시 자동으로 오디오를 재생합니다.

4) **loop**: 오디오 재생이 끝나면 다시 시작합니다.

5) **muted**: 오디오를 무음 상태로 설정합니다.

예제

```
<audio src="audio/song.mp3" controls></audio>
```

소스 지정(source) 태그 사용

<source> 태그를 사용하면 여러 형식의 파일을 지정하여 브라우저 호환성을 높일 수 있습니다.

```
<audio controls>
    <source src="audio/song.mp3" type="audio/mpeg">
    <source src="audio/song.ogg" type="audio/ogg">
    브라우저가 오디오 태그를 지원하지 않습니다.
</audio>
```

2. 비디오 콘텐츠 삽입

HTML에서 비디오 콘텐츠를 삽입할 때는 〈video〉 태그를 사용합니다. 〈video〉 태그는 다양한 비디오 파일 형식(MP4, WebM, OGG)을 지원하며, 기본적인 재생 컨트롤을 제공합니다.

기본 문법

〈video src="파일경로" controls〉〈/video〉

주요 속성

1) **src**: 비디오 파일의 경로를 지정합니다.
2) **controls**: 재생, 일시 정지, 볼륨 조절 등의 기본 컨트롤을 표시합니다.
3) **autoplay**: 페이지 로드 시 자동으로 비디오를 재생합니다.
4) **loop**: 비디오 재생이 끝나면 다시 시작합니다.
5) **muted**: 비디오를 무음 상태로 설정합니다.
6) **poster**: 비디오 로딩 전 표시할 이미지(썸네일)를 지정합니다.
7) **width 및 height**: 비디오의 크기를 설정합니다.

예제

〈video src="video/sample.mp4" controls width="640" height="360"〉〈/video〉

소스 지정(source) 태그 사용

〈source〉 태그를 활용해 다양한 형식의 비디오 파일을 지정할 수 있습니다.

```
〈video controls width="640" height="360"〉
   〈source src="video/sample.mp4" type="video/mp4"〉
   〈source src="video/sample.ogg" type="video/ogg"〉
   브라우저가 비디오 태그를 지원하지 않습니다.
〈/video〉
```

3. 오디오와 비디오의 고급 사용

자막 추가(〈track〉 태그)

- 〈track〉 태그를 사용하여 비디오에 자막을 추가할 수 있습니다.
- 자막 파일은 .vtt 형식을 사용합니다.

```
〈video controls〉
   〈source src="video/sample.mp4" type="video/mp4"〉
   〈track src="captions/sample.vtt" kind="subtitles" srclang="en" label="English"〉
〈/video〉
```

내장 오디오 플레이어 커스터마이징

- HTML5 기본 컨트롤 대신 JavaScript와 CSS를 사용해 사용자 정의 플레이어를 구현할 수 있습니다.

4. 오디오와 비디오 콘텐츠 활용 예제

```
<!DOCTYPE html>
<html lang="en">
<head>
    <meta charset="UTF-8">
    <meta name="viewport" content="width=device-width, initial-scale=1.0">
    <title>오디오와 비디오 콘텐츠</title>
</head>
<body>
    <h1>오디오와 비디오 삽입 예제</h1>
    <!-- 오디오 삽입 -->
    <h2>오디오 콘텐츠</h2>
    <p>다음은 오디오 파일의 예제입니다:</p>
    <audio controls>
        <source src="audio/song.mp3" type="audio/mpeg">
        <source src="audio/song.ogg" type="audio/ogg">
        브라우저가 오디오 태그를 지원하지 않습니다.
    </audio>
    <!-- 비디오 삽입 -->
    <h2>비디오 콘텐츠</h2>
    <p>다음은 비디오 파일의 예제입니다:</p>
```

```
<video controls width="640" height="360" poster="images/video-poster.jpg">
    <source src="video/sample.mp4" type="video/mp4">
    <source src="video/sample.ogg" type="video/ogg">
    브라우저가 비디오 태그를 지원하지 않습니다.
</video>
</body>
</html>
```

5. 작성 시 주의 사항

1) 파일 형식 호환성 확인
- 브라우저별로 지원하는 파일 형식이 다를 수 있으므로, MP3/MP4와 같은 표준 형식을 사용하는 것이 좋습니다.

2) 파일 최적화
- 오디오와 비디오 파일의 크기를 최적화하여 로딩 속도를 개선하고 사용자 경험을 향상시킵니다.

3) 접근성 고려
- 자막과 대체 텍스트를 제공하여 다양한 사용자가 콘텐츠를 쉽게 접근할 수 있도록 합니다.

4) 자동 재생 사용 주의

- 자동 재생은 사용자 경험을 저하시킬 수 있으므로, 필요시 muted 속성과 함께 사용합니다.

사용자 입력 폼 작성

웹 페이지는 단순히 정보를 제공하는 것을 넘어, 사용자와의 상호작용을 통해 다양한 데이터를 수집하고 활용할 수 있는 인터페이스를 제공합니다. 이러한 역할을 수행하는 핵심 도구가 바로 **사용자 입력 폼**입니다. 입력 폼은 사용자가 정보를 입력하고 제출할 수 있는 구조를 제공하며, 로그인, 회원가입, 검색, 주문 등의 다양한 기능을 구현하는 데 사용됩니다.

HTML은 사용자가 데이터를 입력할 수 있는 다양한 입력 요소(input), 텍스트 영역, 드롭다운 메뉴, 버튼 등을 지원하며, 이를 조합하여 원하는 폼을 구성할 수 있습니다. 폼 요소와 속성을 적절히 활용하면 사용자에게 직관적이고 편리한 입력 경험을 제공할 수 있습니다. 또한, 브라우저에서 제공하는 기본 유효성 검사를 통해 간단한 데이터 검증도 가능하므로, 사용자 오류를 최소화할 수 있습니다.

이 장에서는 HTML을 사용해 사용자 입력 폼을 작성하는 기본 개념부터 시작해, 다양한 입력 요소와 속성을 활용하여 실용적인 폼을 만드는 방법을 배웁니다. 입력 필드의 역할과 특성을 이해하고, 적절한 레이아웃과 유효성 검사를 적용해 사용자가 쉽게 데이터를 입력할 수 있는 웹 페이지를 설계할 수 있게 될 것입니다.

지금부터 사용자 입력 폼을 설계하는 방법을 익히고, 사용자와 웹 페이지 간의 원활한 상호작용을 만들어 보세요!

HTML 폼의 기초

HTML 폼은 웹 페이지에서 사용자로부터 데이터를 입력받아 서버로 전송하기 위해 사용하는 중요한 요소입니다. 로그인, 검색, 피드백 제출, 주문 정보 입력 등 다양한 웹 애플리케이션 기능은 HTML 폼을 통해 구현됩니다. HTML의 〈form〉 태그는 폼을 정의하며, 내부에 다양한 입력 요소를 포함할 수 있습니다.

1. HTML 폼의 기본 구조

HTML 폼은 〈form〉 태그로 시작하며, 데이터를 입력받아 지정된 서버로 전송합니다. 기본적인 폼의 구조는 다음과 같습니다:

```
<form action="서버_주소" method="GET">
   <!-- 입력 요소 -->
</form>
```

주요 속성

1) action: 폼 데이터를 전송할 서버의 URL을 지정합니다.

- 예:

```
<form action="/submit">
```

2) method: 데이터를 전송하는 방식(HTTP 메서드)을 지정합니다.
- **GET**: 데이터를 URL의 쿼리 문자열로 전송(기본값).
- **POST**: 데이터를 본문(body)에 포함해 전송.
- 예:

```
<form method="POST">
```

2. 폼 입력 요소

HTML 폼은 다양한 입력 요소를 지원하며, 각 요소는 특정한 데이터 유형을 처리하는 데 사용됩니다.

1) 텍스트 입력 필드
- 사용자가 텍스트를 입력할 수 있도록 합니다.
- 예:

```
<label for="name">이름:</label>
<input type="text" id="name" name="name">
```

2) 비밀번호 필드

- 입력한 텍스트가 숨겨지도록 처리합니다.
- 예:

```
<label for="password">비밀번호:</label>
<input type="password" id="password" name="password">
```

3) 버튼

- 폼 데이터를 제출하거나 동작을 수행하는 버튼입니다.
- 예:

```
<button type="submit">제출</button>
<button type="reset">초기화</button>
```

4) 라디오 버튼

- 여러 옵션 중 하나만 선택할 수 있도록 합니다.
- 예:

```
<label><input type="radio" name="gender" value="male">남성</label>
<label><input type="radio" name="gender" value="female">여성</label>
```

5) 체크박스

- 여러 옵션을 동시에 선택할 수 있습니다.
- 예:

```
<label><input type="checkbox" name="hobby" value="reading">독서</label>
<label><input type="checkbox" name="hobby" value="sports">운동</label>
```

6) 드롭다운 메뉴

- 드롭다운 형식으로 여러 옵션 중 하나를 선택합니다.
- 예:

```
<label for="country">국가:</label>
<select id="country" name="country">
   <option value="kr">한국</option>
   <option value="us">미국</option>
   <option value="jp">일본</option>
</select>
```

7) 텍스트 영역

- 여러 줄의 텍스트를 입력할 수 있는 필드입니다.
- 예:

```
<label for="message">메시지:</label>
<textarea id="message" name="message" rows="4" cols="50"></textarea>
```

3. 폼 유효성 검사

HTML 폼은 브라우저에서 기본적인 유효성 검사를 제공합니다. 이를 통해 사용자가 잘못된 데이터를 입력하는 것을 방지할 수 있습니다.

주요 속성

1) required: 필수 입력 필드로 설정합니다.

```
<input type="text" name="name" required>
```

2) maxlength 및 minlength: 입력값의 최대 및 최소 길이를 제한합니다.

```
<input type="text" name="username" maxlength="10">
```

3) pattern: 정규식을 사용해 입력값을 검증합니다.

```
<input type="text" name="phone" pattern="[0-9]{3}-[0-9]{4}-[0-9]{4}">
```

4) placeholder: 입력 필드에 힌트를 제공합니다.

```
<input type="email" name="email" placeholder="example@example.com">
```

4. 폼 작성 예제

```
<!DOCTYPE html>
<html lang="en">
<head>
    <meta charset="UTF-8">
    <meta name="viewport" content="width=device-width, initial-scale=1.0">
    <title>HTML 폼의 기초</title>
</head>
<body>
    <h1>사용자 입력 폼</h1>
    <form action="/submit" method="POST">
        <!-- 이름 입력 -->
        <label for="name">이름:</label>
        <input type="text" id="name" name="name" required><br><br>
        <!-- 이메일 입력 -->
        <label for="email">이메일:</label>
        <input type="email" id="email" name="email" placeholder="example@example.com" required><br><br>
        <!-- 성별 선택 -->
        <label>성별:</label>
        <label><input type="radio" name="gender" value="male">남성</label>
        <label><input type="radio" name="gender" value="female">여성</label><br><br>
        <!-- 취미 선택 -->
        <label>취미:</label>
        <label><input type="checkbox" name="hobby" value="reading">독서</label>
        <label><input type="checkbox" name="hobby" value="sports">운동</label><br><br>
```

```html
    <!-- 국가 선택 -->
    <label for="country">국가:</label>
    <select id="country" name="country">
        <option value="kr">한국</option>
        <option value="us">미국</option>
        <option value="jp">일본</option>
    </select><br><br>
    <!-- 메시지 입력 -->
    <label for="message">메시지:</label>
    <textarea id="message" name="message" rows="4" cols="50"></textarea><br><br>
    <!-- 제출 버튼 -->
    <button type="submit">제출</button>
    <button type="reset">초기화</button>
  </form>
</body>
</html>
```

HTML 폼은 사용자와 웹 페이지 간의 상호작용을 가능하게 하는 중요한 도구입니다. 다양한 입력 요소와 속성을 활용하여 직관적이고 효율적인 폼을 작성할 수 있습니다. 이러한 기초를 이해하면, 더 복잡한 웹 애플리케이션에서도 사용자 입력을 효과적으로 처리할 수 있을 것입니다.

다양한 <input> 태그와 속성

HTML의 <input> 태그는 사용자가 데이터를 입력할 수 있는 다양한 유형의 입력 필드를 제공합니다. 각각의 type 속성값에 따라 입력 필드의 동작과 스타일이 달라지며, 특정 데이터를 입력받는 데 적합하도록 설계되었습니다. 이 장에서는 다양한 <input> 태그와 함께 주요 속성을 살펴봅니다.

1. <input> 태그의 기본 구조

```
<input type="type_value" name="name" id="id" value="default_value">
```

주요 속성

1) **type**: 입력 필드의 유형을 지정합니다(예: text, email, password 등).
2) **name**: 입력 필드의 이름을 지정하며, 서버로 전송되는 데이터의 키(key) 역할을 합니다.

3) **id**: 특정 입력 필드를 식별하기 위한 고윳값으로, 레이블(⟨label⟩)과 연결할 때 사용됩니다.

4) **value**: 입력 필드의 기본값을 설정합니다.

5) **placeholder**: 입력 필드에 힌트 텍스트를 표시합니다.

6) **required**: 필수 입력 필드로 설정합니다.

2. 주요 입력 유형

1) 텍스트 입력(type="text")

- 일반적인 텍스트 입력 필드를 생성합니다.
- 예:

```
⟨label for="name"⟩이름:⟨/label⟩
⟨input type="text" id="name" name="name" placeholder="이름을 입력하세요"⟩
```

2) 비밀번호 입력(type="password")

- 입력된 텍스트가 보이지 않도록 별표(*) 또는 점 형태로 표시합니다.
- 예:

```
⟨label for="password"⟩비밀번호:⟨/label⟩
⟨input type="password" id="password" name="password" required⟩
```

3) 이메일 입력(type="email")

- 이메일 주소 입력을 위한 필드로, 브라우저가 형식을 검증합니다.
- 예:

```
<label for="email">이메일:</label>
<input type="email" id="email" name="email" placeholder="example@example.com" required>
```

4) 숫자 입력(type="number")

- 숫자만 입력할 수 있는 필드를 생성하며, 최소/최대 값과 단계(step)를 설정할 수 있습니다.
- 예:

```
<label for="age">나이:</label>
<input type="number" id="age" name="age" min="0" max="120" step="1">
```

5) 날짜 선택(type="date")

- 사용자가 날짜를 선택할 수 있는 필드를 제공합니다.
- 예:

```
<label for="dob">생년월일:</label>
<input type="date" id="dob" name="dob">
```

6) 시간 선택(type="time")

- 시간 입력을 위한 필드입니다.
- 예:

```
<label for="time">예약 시간:</label>
<input type="time" id="time" name="time"><label for="time">예약 시간:</label>
<input type="time" id="time" name="time">
```

7) 색상 선택(type="color")

- 사용자가 색상을 선택할 수 있는 색상 선택기를 표시합니다.
- 예:

```
<label for="color">선호 색상:</label>
<input type="color" id="color" name="color">
```

8) 파일 업로드(type="file")

- 사용자가 파일을 선택하고 업로드할 수 있는 필드를 생성합니다.
- 예:

```
<label for="file">파일 업로드:</label>
<input type="file" id="file" name="file">
```

9) 체크박스(type="checkbox")

- 여러 개의 선택지를 동시에 선택할 수 있는 입력 필드입니다.
- 예:

```
<label><input type="checkbox" name="hobby" value="reading">독서</label>
<label><input type="checkbox" name="hobby" value="sports">운동</label>
```

10) 라디오 버튼(type="radio")

- 여러 선택지 중 하나만 선택할 수 있습니다.
- 예:

```
<label><input type="radio" name="gender" value="male">남성</label>
<label><input type="radio" name="gender" value="female">여성</label>
```

11) 범위 선택(type="range")

- 슬라이더를 사용하여 값을 선택합니다.
- 예:

```
<label for="volume">볼륨 조절:</label>
<input type="range" id="volume" name="volume" min="0" max="100" step="10">
```

12) 숨겨진 필드(type="hidden")

- 사용자에게 보이지 않는 데이터를 폼에 포함시킬 때 사용합니다.
- 예:

```
<input type="hidden" name="userID" value="12345">
```

3. 주요 속성

1) required

- 입력 필드를 필수로 지정합니다.

```
<input type="text" name="name" required>
```

2) readonly

- 입력 필드를 읽기 전용으로 설정합니다.

```
<input type="text" name="readonly" value="읽기 전용" readonly>
```

3) disabled

- 입력 필드를 비활성화합니다.

```
<input type="text" name="disabled" value="비활성화" disabled>
```

4) maxlength 및 minlength

- 입력 가능한 텍스트의 최대 및 최소 길이를 제한합니다.

```
<input type="text" name="username" maxlength="10" minlength="3">
```

5) step

- 숫자 또는 범위 입력 시 증가 단위를 설정합니다.

```
<input type="number" name="quantity" min="1" max="10" step="2">
```

6) pattern

- 정규식을 사용해 입력값을 검증합니다.

```
<input type="text" name="phone" pattern="[0-9]{3}-[0-9]{4}-[0-9]{4}" placeholder="123-4567-8901">
```

4. 종합 예제

```
<!DOCTYPE html>
<html lang="en">
<head>
   <meta charset="UTF-8">
   <meta name="viewport" content="width=device-width, initial-scale=1.0">
   <title>다양한 input 태그와 속성</title>
</head>
<body>
   <h1>다양한 입력 필드</h1>
   <form action="/submit" method="POST">
      <!-- 텍스트 입력 -->
      <label for="name">이름:</label>
      <input type="text" id="name" name="name" placeholder="이름 입력" required><br><br>

      <!-- 비밀번호 입력 -->
      <label for="password">비밀번호:</label>
      <input type="password" id="password" name="password" required><br><br>

      <!-- 이메일 입력 -->
      <label for="email">이메일:</label>
      <input type="email" id="email" name="email" required><br><br>
      <!-- 숫자 입력 -->
      <label for="age">나이:</label>
      <input type="number" id="age" name="age" min="0" max="120" step="1"><br><br>

      <!-- 날짜 선택 -->
      <label for="dob">생년월일:</label>
      <input type="date" id="dob" name="dob"><br><br>
      <!-- 체크박스 -->
```

```
    <label>취미:</label>
    <label><input type="checkbox" name="hobby" value="reading">독서</label>
    <label><input type="checkbox" name="hobby" value="sports">운동</label><br><br>

    <!-- 제출 버튼 -->
    <button type="submit">제출</button>
  </form>
</body>
</html>
```


HTML의 <input> 태그는 다양한 데이터 유형을 처리할 수 있는 강력한 도구입니다. 적절한 type 속성과 유효성 검사 속성을 활용하면 사용자 입력 오류를 최소화하고, 직관적이고 효과적인 입력 폼을 설계할 수 있습니다. 이를 통해 사용자와 웹 애플리케이션 간의 상호작용을 더욱 원활히 할 수 있습니다.

HTML이 웹 페이지의 구조를 정의한다면, CSS(Cascading Style Sheets)는 그 구조에 스타일과 생명을 더해 줍니다. CSS는 글꼴, 색상, 여백, 레이아웃 등을 설정하여 단순한 코드 덩어리를 매력적이고 사용자 친화적인 웹 페이지로 변모시킵니다.

오늘날의 웹은 단순히 정보를 전달하는 것을 넘어, 시각적으로 아름답고 사용자 경험을 고려한 디자인이 요구됩니다. CSS는 이러한 요구를 충족시키기 위한 핵심 도구로, 개발자에게 자유로운 표현의 가능성을 열어 줍니다. 버튼 클릭 하나, 스크롤 한 번에도 역동적인 효과를 부여할 수 있는 CSS는 그 자체로 예술이자 기술입니다.

이 장에서는 CSS의 기초를 배우는 데 초점을 맞춥니다. 스타일을 적용하는 방법과 기본 원리부터, 텍스트와 레이아웃을 꾸미는 다양한 기술까지 차근차근 익혀 나갈 것입니다. CSS의 기본 규칙을 이해하고 나면, 복잡한 웹 페이지도 체계적이고 효율적으로 관리할 수 있게 될 것입니다.

지금부터 CSS의 세계로 들어가, 아름다운 웹을 만들어 나가는 첫걸음을 시작해 봅시다! CSS를 통해 여러분의 아이디어가 화면 속에서 살아 숨 쉬는 경험을 하게 될 것입니다.

3부
CSS

CSS의 기본 개념과 작성법

　CSS(Cascading Style Sheets)는 웹 페이지의 외형과 레이아웃을 정의하는 스타일링 언어입니다. HTML이 웹 페이지의 구조를 담당한다면, CSS는 그 구조에 색상, 글꼴, 여백, 배경 등 시각적인 요소를 추가하여 웹 페이지를 더욱 아름답고 사용하기 쉽게 만듭니다. CSS를 활용하면 단순히 정보를 전달하는 웹 페이지를 넘어서, 디자인과 사용자 경험을 고려한 현대적인 웹 페이지를 구현할 수 있습니다.

　CSS는 선택자(selector)를 통해 HTML 요소를 선택하고, 속성(property)과 값(value)으로 스타일을 지정하는 방식으로 작성됩니다. 이러한 구조는 웹 페이지의 특정 부분에만 스타일을 적용하거나, 일관된 디자인을 유지하면서도 손쉽게 변경할 수 있도록 합니다. CSS는 HTML 파일 내부에 작성하거나, 외부 스타일 시트를 링크하여 재사용할 수도 있어 효율적인 웹 개발을 가능하게 합니다.

　이 장에서는 CSS의 기본 개념과 작성법을 배웁니다. 스타일을 정의하는 규칙의 구조, 다양한 선택자 사용법, 그리고 CSS를 HTML 문서에 적용하는 방법을 다루며, CSS의 기초를 다지는 데 집중할 것입니다. CSS는 초보자에게는 간단해 보이지만, 그 응용 범위는 매우 넓고 강력합니다.

이제 CSS의 기본 원리와 작성법을 통해, 구조만 있는 웹 페이지에 개성과 생명을 더하는 방법을 배워 보세요. 여러분의 웹 페이지가 단순한 코드에서 시각적 매력을 가진 작품으로 거듭나는 순간을 경험하게 될 것입니다.

스타일 시트의 이해

스타일 시트(Style Sheet)는 웹 페이지의 시각적 표현을 정의하고 관리하는 도구입니다. HTML이 웹 페이지의 구조를 담당한다면, 스타일 시트는 그 구조에 색상, 글꼴, 여백, 레이아웃 등 시각적 요소를 더해 생동감 있는 웹 페이지를 만들어 냅니다. 특히 CSS(Cascading Style Sheets)는 스타일 시트를 구현하기 위한 표준화된 언어로, 현대 웹 개발의 필수 요소입니다.

스타일 시트는 **HTML 요소**를 대상으로 스타일을 적용하는 규칙으로 구성됩니다. 이 규칙은 웹 페이지의 특정 부분을 선택하여 원하는 시각적 속성을 부여하는 방식으로 동작합니다. 스타일 시트를 사용하면 웹 페이지의 디자인을 일관되게 유지하고, 유지보수를 쉽게 할 수 있습니다. 또한, HTML과 CSS를 분리하여 작성하면 콘텐츠와 디자인을 독립적으로 관리할 수 있어 개발의 효율성이 크게 향상됩니다.

스타일 시트의 기본 원리

스타일 시트는 다음과 같은 기본 구조로 작성됩니다:

```
선택자 {
    속성: 값;
}
```

- **선택자**: 스타일을 적용할 HTML 요소를 지정합니다.
- **속성**: 텍스트 크기, 색상, 배경 등 변경하려는 스타일의 유형을 나타냅니다.
- **값**: 속성에 적용할 구체적인 설정을 정의합니다.

예를 들어, 다음 코드는 모든 〈h1〉 태그의 글씨를 파란색으로 설정합니다:

```
h1{
    color: blue;
}
```

기본 선택자와 스타일 적용

CSS에서 선택자(Selector)는 스타일을 적용할 HTML 요소를 지정하는 역할을 합니다. 기본 선택자는 HTML 요소, 클래스, ID와 같은 기본적인 기준에 따라 스타일을 지정하며, CSS 작성의 가장 기초가 됩니다. 선택자를 올바르게 사용하면 웹 페이지의 특정 요소에만 스타일을 적용할 수 있어 효율적이고 체계적인 스타일링이 가능합니다.

1. 기본 선택자

1.1. 전체 선택자(*)

- 모든 HTML 요소에 스타일을 적용합니다.
- 예:

```
* {
   margin: 0;
   padding: 0;
}
```

1.2. 태그 선택자

- 특정 HTML 태그에 스타일을 적용합니다.
- 예:

```
h1{
    color: blue;
}
p{
    font-size: 16px;
}
```

1.3. 클래스 선택자(.)

- 특정 클래스 이름을 가진 요소에 스타일을 적용합니다.
- 여러 요소에서 반복적으로 사용할 수 있습니다.
- 예:

```
.highlight{
    background-color: yellow;
}
HTML:
<p class="highlight">이 문장은 강조됩니다.</p>
```

1.4. ID 선택자(#)

- 특정 ID를 가진 HTML 요소에 스타일을 적용합니다.
- ID는 문서에서 고유해야 하므로, 한 요소에만 적용됩니다.
- 예:

```
#main-title{
    font-size: 24px;
    color: red;
}
HTML:
<h1 id="main-title">메인 제목</h1>
```

2. 스타일 적용 방법

CSS 스타일을 HTML 문서에 적용하는 방법은 크게 세 가지로 나뉩니다.

2.1. 인라인 스타일

- HTML 태그 내부에 style 속성을 사용해 스타일을 적용합니다.
- 예:

```
<p style="color: green; font-size: 18px;">인라인 스타일</p>
```

- **장점**: 특정 요소에 간단히 스타일을 적용할 때 유용.

- **단점**: 유지보수와 코드 관리가 어려움.

2.2. 내부 스타일 시트

- HTML 문서의 〈style〉 태그 안에 CSS를 작성합니다.
- 예:

```
<style>
   p{
      color: blue;
      font-size: 16px;
   }
</style>
HTML:
<p>내부 스타일 시트 적용</p>
```

2.3. 외부 스타일 시트

- CSS를 별도의 파일로 저장하고 HTML에서 연결합니다.
- 예:

```
CSS 파일(styles.css):
h1{
   color: darkblue;
}
p{
   line-height: 1.5;
}
HTML:
<link rel="stylesheet" href="styles.css">
<h1>외부 스타일 시트 적용</h1>
```

3. CSS 스타일 적용 속성

3.1. 글꼴 관련 스타일

- **color**: 글자의 색상을 지정합니다.

```
p{
   color: red;
}
```

- **font-size**: 글자의 크기를 지정합니다.

```
h1{
   font-size: 24px;
}
```

- **font-family**: 글꼴을 지정합니다.

```
body{
   font-family: Arial, sans-serif;
}
```

3.2. 배경 스타일

- **background-color**: 요소의 배경색을 지정합니다.

```
div{
   background-color: lightgray;
}
```

3.3. 여백과 간격

- **margin**: 요소 외부의 여백을 설정합니다.

```
h1{
   margin: 20px;
}
```

- **padding**: 요소 내부의 여백을 설정합니다.

```
p{
   padding: 10px;
}
```

4. 종합 예제

```
<!DOCTYPE html>
<html lang="en">
<head>
   <meta charset="UTF-8">
   <meta name="viewport" content="width=device-width, initial-scale=1.0">
   <title>CSS 기본 선택자와 스타일</title>
   <style>
      /* 전체 선택자 */
      * {
         margin: 0;
         padding: 0;
      }
```

```
        /* 태그 선택자 */
        body{
            font-family: Arial, sans-serif;
        }
        h1{
            color: darkblue;
            font-size: 24px;
        }
        /* 클래스 선택자 */
        .highlight{
            background-color: yellow;
        }
        /* ID 선택자 */
        #footer{
            text-align: center;
            font-size: 14px;
            color: gray;
        }
    </style>
</head>
<body>
    <h1>CSS 기본 선택자</h1>
    <p>태그 선택자로 스타일을 지정한 문단입니다.</p>
    <p class="highlight">클래스 선택자로 강조된 문단입니다.</p>
    <div id="footer">ID 선택자로 스타일을 적용한 하단 영역입니다.</div>
</body>
</html>
```

기본 선택자는 CSS의 기초이자 가장 중요한 부분입니다. 전체 선택자, 태그, 클래스, ID 선택자를 활용하면 HTML 문서의 특정 요소에 원하는 스타일을 손쉽게 적용할 수 있습니다. 선택자와 스타일 속성을 조합해 웹 페이지의 디자인과 사용자 경험을 효과적으로 개선해 보세요. 기본 개념을 탄탄히 다지면 이후의 고급 스타일링 작업도 훨씬 수월해질 것입니다.

CSS의 상속과 우선순위

CSS는 스타일을 효율적으로 관리하기 위해 **상속(Inheritance)** 과 **우선순위(Specificity)** 라는 두 가지 중요한 메커니즘을 제공합니다. 상속은 부모 요소의 스타일이 자식 요소에 자동으로 전달되는 특성이고, 우선순위는 여러 스타일 규칙이 충돌할 때 어떤 규칙이 적용될지를 결정하는 기준입니다. 이를 이해하면 CSS를 더 효율적이고 체계적으로 작성할 수 있습니다.

1. CSS의 상속(Inheritance)

CSS 상속은 부모 요소에 적용된 특정 스타일이 자식 요소에 자동으로 전달되는 동작을 말합니다. 하지만 모든 속성이 상속되지는 않으며, **텍스트 관련 속성**만 기본적으로 상속됩니다.

1.1. 상속되는 속성
- **텍스트와 글꼴 관련 속성**:
    - color(글자 색상)
    - font-family(글꼴)
    - font-size(글자 크기)

- visibility(가시성)
- line-height(줄 간격)

1.2. 상속되지 않는 속성
- **박스 모델 관련 속성**:
    - margin, padding, border, width, height
- **배경 관련 속성**:
    - background-color, background-image

1.3. 상속 강제하기
상속되지 않는 속성을 자식 요소에 적용하려면 inherit 키워드를 사용합니다.

```
div{
    background-color: inherit;
    margin: inherit;
}
```

1.4. 상속 방지
initial 키워드를 사용하면 요소의 스타일을 기본값으로 초기화할 수 있습니다.

```
p{
    color: initial;
}
```

2. CSS 우선순위(Specificity)

CSS 우선순위는 여러 규칙이 동일한 요소에 적용될 때 어떤 스타일이 우선적으로 적용될지를 결정합니다.

2.1. 우선순위 계산 방식

우선순위는 **선택자의 유형**과 **구조**에 따라 계산되며, 점수로 표현됩니다. 계산 기준은 다음과 같습니다:

1) 인라인 스타일(style 속성): 1000점

```
<p style="color: red;">인라인 스타일</p>
```

2) ID 선택자: 100점

```
#header{
   color: blue;
}
```

3) 클래스, 속성, 가상 클래스 선택자: 10점

```
.highlight{
   color: green;
}
```

4) 태그 선택자: 1점

```
h1{
   color: black;
}
```

5) 전체 선택자(*): 0점

```
* {
   margin: 0;
}
```

2.2. !important 사용

!important는 모든 우선순위를 무시하고 스타일을 강제로 적용합니다.

```
p{
   color: blue !important;
}
```

하지만 남용하면 유지보수가 어려워지므로 필요한 경우에만 사용해야 합니다.

3. CSS 우선순위 적용 순서

1) 명시적인 선언: 특정 요소를 지정한 규칙이 우선합니다.
2) 선택자의 우선순위 점수: 점수가 높은 선택자가 우선됩니다.
3) 소스 코드 순서: 동일한 우선순위일 경우, 나중에 선언된 규칙이 적용됩니다.

예제

```
<p id="para" class="highlight" style="color: red;">CSS 우선순위 예제</p>
p{
   color: blue; /* 1점 */
}
.highlight{
   color: green; /* 10점 */
}
#para{
   color: black; /* 100점 */
}
```

- **결과: 빨간색**(인라인 스타일이 최우선)

4. 종합 예제

```html
<!DOCTYPE html>
<html lang="en">
<head>
   <meta charset="UTF-8">
   <meta name="viewport" content="width=device-width, initial-scale=1.0">
   <title>CSS 상속과 우선순위</title>
   <style>
      /* 태그 선택자 */
      body{
         font-family: Arial, sans-serif;
         color: gray;
      }
      /* 클래스 선택자 */
      .highlight{
         color: green;
      }
      /* ID 선택자 */
      #special{
         color: blue;
      }
      /* 인라인 스타일(HTML에 직접 작성) */
   </style>
</head>
<body>
   <h1 id="special">이 문장은 ID 선택자가 적용됩니다.</h1>
   <p class="highlight">이 문장은 클래스 선택자가 적용됩니다.</p>
   <p style="color: red;">이 문장은 인라인 스타일이 적용됩니다.</p>
</body>
</html>
```

CSS의 상속과 우선순위는 효율적이고 체계적인 스타일링을 위해 반드시 이해해야 할 개념입니다. 상속을 통해 스타일을 반복적으로 지정하는 작업을 줄일 수 있고, 우선순위를 활용하면 특정 요소에 원하는 스타일을 효과적으로 적용할 수 있습니다. CSS 작성의 기본 원리를 잘 활용하여 유지보수와 확장성을 고려한 스타일링을 구현해 보세요.

텍스트와 레이아웃 스타일링

텍스트와 레이아웃은 웹 페이지의 가독성과 시각적 완성도를 좌우하는 가장 중요한 요소입니다. 텍스트는 웹의 기본적인 정보 전달 수단으로, 적절한 글꼴, 크기, 색상, 간격을 통해 읽기 쉽고 아름답게 표현될 수 있습니다. 한편, 레이아웃은 페이지의 구성과 구조를 설계하여 사용자가 콘텐츠를 효율적으로 탐색할 수 있도록 돕습니다.

CSS는 텍스트와 레이아웃 스타일링을 강력하고 유연하게 지원합니다. 텍스트 스타일링을 통해 정보의 중요도를 강조하고 페이지의 분위기를 설정할 수 있으며, 레이아웃 스타일링은 콘텐츠를 논리적이고 직관적으로 배치하여 사용자 경험(UX)을 향상시킵니다. 글자 크기와 줄 간격 조정에서부터 배경 색상, 여백, 정렬, 레이아웃 기술(Flexbox, Grid)까지, CSS는 텍스트와 레이아웃을 디자인하는 데 필요한 모든 도구를 제공합니다.

이 장에서는 텍스트 스타일링의 기본 속성부터 레이아웃 설계를 위한 핵심 기술까지 학습합니다. 글자와 단락을 아름답게 꾸미는 방법에서 시작해, 다양한 화면 크기와 기기에 적응하는 레이아웃을 설계하는 과정을 다룰 것입니다. 텍스트와 레이아웃 스타일링을 이해하면, 단순한 웹 페이지도 매력적이고 사용자 친화적인 디자인으로 완성할 수 있습니다.

지금부터 CSS로 텍스트와 레이아웃을 스타일링하여, 사용자와 웹 페이지 사이의 가교를 만들어 보세요. 시각적 디자인과 기능적 구성이 조화를 이루는 웹 페이지를 설계하는 첫걸음을 시작합니다.

글꼴과 텍스트 스타일

글꼴과 텍스트 스타일은 웹 페이지의 시각적 디자인과 정보 전달력을 결정하는 중요한 요소입니다. CSS를 사용하면 글꼴의 종류, 크기, 색상, 정렬 방식 등을 세밀하게 조정하여 텍스트를 더 읽기 쉽고, 페이지의 목적과 분위기에 맞게 디자인할 수 있습니다. 적절한 텍스트 스타일링은 웹 페이지의 메시지를 효과적으로 전달하고, 사용자 경험(UX)을 향상시키는 핵심입니다.

1. 글꼴 스타일링

1.1. 글꼴 지정(font-family)
- 텍스트에 사용할 글꼴을 지정합니다.
- 여러 글꼴을 쉼표로 구분하여 작성하며, 시스템에 없는 글꼴은 대체 글꼴이 사용됩니다.
- 예:

```
body{
    font-family: Arial, Helvetica, sans-serif;
}
```

1.2. 글자 크기(font-size)

- 글자의 크기를 지정합니다.
- 단위: px(픽셀), em, % 등을 사용할 수 있습니다.
- 예:

```
h1{
    font-size: 24px;
}
p{
    font-size: 1.2em;
}
```

1.3. 글꼴 굵기(font-weight)

- 글자의 굵기를 설정합니다.
- 값: normal, bold, lighter, bolder, 숫자(100~900).
- 예:

```
h2{
    font-weight: bold;
}
```

1.4. 글꼴 스타일(font-style)

- 글자의 스타일을 설정합니다.
- **값**: normal, italic(기울임), oblique(비스듬히 기울임).
- **예**:

```
em{
    font-style: italic;
}
```

1.5. 글자 간격(letter-spacing)

- 글자 사이의 간격을 조절합니다.
- **예**:

```
h1{
    letter-spacing: 2px;
}
```

1.6. 단어 간격(word-spacing)

- 단어 사이의 간격을 조절합니다.
- **예**:

```
p{
    word-spacing: 4px;
}
```

2. 텍스트 스타일링

2.1. 텍스트 색상(color)
- 텍스트의 색상을 지정합니다.
- **값**: 색상 이름, HEX 코드, RGB 또는 HSL 값.
- **예**:

```
p{
   color: #333333;
}
```

2.2. 텍스트 정렬(text-align)
- 텍스트의 정렬 방식을 지정합니다.
- **값**: left, right, center, justify(양쪽 정렬).
- **예**:

```
h1{
   text-align: center;
}
```

2.3. 텍스트 장식(text-decoration)
- 텍스트에 밑줄, 취소선 등을 추가하거나 제거합니다.
- **값**: none, underline, overline, line-through, blink(대부분의 브라

우저 미지원).

- **예**:

```
a{
    text-decoration: none;
}
```

2.4. 텍스트 변환(text-transform)

- 텍스트의 대소문자를 변환합니다.
- **값**: none, capitalize(각 단어 첫 글자 대문자), uppercase, lowercase.
- **예**:

```
h2{
    text-transform: uppercase;
}
```

2.5. 줄 간격(line-height)

- 텍스트 줄 간의 높이를 지정합니다.
- **예**:

```
p{
    line-height: 1.6;
}
```

2.6. 텍스트 들여쓰기(text-indent)

- 텍스트의 첫 줄을 들여쓰기 합니다.
- 예:

```
p{
    text-indent: 20px;
}
```

3. 종합 예제

```
<!DOCTYPE html>
<html lang="en">
<head>
    <meta charset="UTF-8">
    <meta name="viewport" content="width=device-width, initial-scale=1.0">
    <title>글꼴과 텍스트 스타일</title>
    <style>
        body{
            font-family: Arial, sans-serif;
            color: #333333;
            line-height: 1.6;
        }
        h1{
            font-size: 36px;
            font-weight: bold;
            text-align: center;
```

```
            text-transform: uppercase;
            color: darkblue;
        }
        p{
            font-size: 16px;
            text-align: justify;
            text-indent: 20px;
        }
        a{
            color: blue;
            text-decoration: none;
        }
        a:hover {
            text-decoration: underline;
        }
    </style>
</head>
<body>
    <h1>글꼴과 텍스트 스타일</h1>
    <p>
        웹 페이지에서 텍스트는 정보를 전달하는 가장 중요한 요소입니다.
        CSS를 사용하면 텍스트의 크기, 색상, 간격 등을 조정하여 사용자가 읽기 쉽고 매력적인 디자인을 만들 수 있습니다.
    </p>
    <p>
        자세한 내용을 보려면 <a href="https://example.com">이 링크</a>를 클릭하세요.
    </p>
</body>
</html>
```

글꼴과 텍스트 스타일은 웹 페이지의 시각적 매력을 결정짓는 핵심적인 요소입니다. CSS를 통해 텍스트를 효과적으로 디자인하면, 단순한 정보 전달을 넘어 사용자 경험을 향상시킬 수 있습니다. 글꼴, 크기, 색상, 정렬 등 다양한 텍스트 스타일링 속성을 활용해 사용자에게 직관적이고 아름다운 웹 페이지를 제공하세요.

웹 폰트와 아이콘 폰트

웹 폰트와 아이콘 폰트는 웹 디자인에서 텍스트를 넘어선 시각적 표현의 가능성을 열어 줍니다. 웹 폰트는 고유한 글꼴을 웹 페이지에 적용하여 브랜드의 정체성을 표현하거나 독창적인 디자인을 구현할 수 있게 하고, 아이콘 폰트는 아이콘을 텍스트처럼 쉽게 삽입하고 스타일링할 수 있어 시각적 요소를 간결하고 효율적으로 추가할 수 있습니다.

1. 웹 폰트(Web Fonts)

1.1. 웹 폰트란?
- 웹 폰트는 사용자의 컴퓨터에 설치되지 않은 글꼴을 웹 페이지에 적용할 수 있게 하는 기술입니다.
- CSS의 @font-face 규칙 또는 외부 폰트 서비스를 통해 구현됩니다.

- 대표적인 웹 폰트 서비스:
    - Google Fonts: 무료로 제공되는 가장 인기 있는 웹 폰트 라이브러리.
    - Adobe Fonts: 고품질 글꼴을 제공하는 유료 서비스.

- Font Squirrel: 상업적 사용 가능한 무료 폰트를 제공.

1.2. 웹 폰트 사용법

1) Google Fonts 사용하기

- Google Fonts에서 원하는 폰트를 선택하고, 제공된 〈link〉 태그를 HTML 파일에 추가합니다.
- 예:

```
<link href="https://fonts.googleapis.com/css2?family=Roboto:wght@400;700&display=swap" rel="stylesheet">
```

- CSS에서 해당 폰트를 font-family로 지정합니다:

```
body{
    font-family: 'Roboto', sans-serif;
}
```

2) @font-face 규칙으로 직접 호스팅

- 폰트 파일을 직접 서버에 업로드하여 사용합니다.
- 예:

```css
@font-face{
   font-family: 'CustomFont';
   src: url('/fonts/customfont.woff2') format('woff2'),
       url('/fonts/customfont.woff') format('woff');
}
body{
   font-family: 'CustomFont', sans-serif;
}
```

1.3. 장점

- 다양한 디자인 스타일 구현.
- 사용자의 시스템 글꼴에 의존하지 않음.

1.4. 주의 사항

- 폰트 파일 크기가 클 경우 로딩 시간이 길어질 수 있으므로, 필요한 글자만 포함된 서브셋 파일을 사용하는 것이 좋습니다.

2. 아이콘 폰트(Icon Fonts)

2.1. 아이콘 폰트란?
- 아이콘 폰트는 아이콘을 글꼴처럼 사용하도록 설계된 폰트입니다.
- 아이콘은 텍스트처럼 크기를 조정하거나 색상을 변경할 수 있어 유연하게 스타일링할 수 있습니다.
- **대표적인 아이콘 폰트**:
- **Font Awesome**: 가장 널리 사용되는 무료/유료 아이콘 폰트.
- **Material Icons**: Google에서 제공하는 무료 아이콘 폰트.
- **Ionicons**: 모바일 중심의 무료 아이콘 폰트.

2.2. 아이콘 폰트 사용법
1) Font Awesome 사용하기
- Font Awesome의 CSS 파일을 포함합니다:

```
<link href="https://cdnjs.cloudflare.com/ajax/libs/font-awesome/6.0.0-beta3/css/all.min.css" rel="stylesheet">
```

- 아이콘을 HTML 요소로 삽입합니다:

```
<i class="fas fa-home"></i><!-- 집 모양 아이콘 -->
```

2) Material Icons 사용하기

- Google Fonts를 통해 Material Icons를 추가합니다:

```
<link href="https://fonts.googleapis.com/icon?family=Material+Icons" rel="stylesheet">
```

- HTML에서 아이콘 이름을 사용합니다:

```
<span class="material-icons">home</span>
```

2.3. 장점

- SVG 아이콘에 비해 간단하고 가볍게 사용할 수 있음.
- 텍스트 스타일링 속성을 그대로 적용 가능:
    - **크기 조정**: font-size
    - **색상 변경**: color

2.4. 주의 사항

- 벡터 기반 아이콘(SVG)보다 세밀한 디자인에서는 한계가 있을 수 있습니다.
- 아이콘을 글꼴로 제공하기 때문에 전체 폰트를 로드해야 하는 부담이 있습니다.

3. 웹 폰트와 아이콘 폰트의 차이점

웹 폰트는 텍스트의 스타일과 개성을 표현하기 위해 글꼴을 제공하며, 사용자가 특정 글꼴이 설치되어 있지 않아도 동일한 디자인을 보장할 수 있는 기술입니다. 반면, 아이콘 폰트는 그래픽 요소(아이콘)를 폰트로 제공하여 텍스트처럼 간단하게 크기와 색상을 조정하며 웹 페이지에 시각적 요소를 추가하는 데 사용됩니다. 웹 폰트는 주로 텍스트를 스타일링하는 데 중점을 두고, 아이콘 폰트는 간결한 그래픽 표현을 위한 도구로 활용된다는 점에서 차이가 있습니다.

4. 종합 예제

```
<!DOCTYPE html>
<html lang="en">
<head>
  <meta charset="UTF-8">
  <meta name="viewport" content="width=device-width, initial-scale=1.0">
  <title>웹 폰트와 아이콘 폰트</title>
  <link href="https://fonts.googleapis.com/css2?family=Roboto:wght@400;700&display=swap" rel="stylesheet">
  <link href="https://cdnjs.cloudflare.com/ajax/libs/font-awesome/6.0.0-beta3/css/all.min.css" rel="stylesheet">
  <style>
    body{
      font-family: 'Roboto', sans-serif;
```

```
            font-size: 16px;
            color: #333;
            line-height: 1.5;
        }
        .icon{
            color: darkblue;
            font-size: 24px;
            margin-right: 10px;
        }
    </style>
</head>
<body>
    <h1>웹 폰트와 아이콘 폰트</h1>
    <p>
        이 페이지는 <strong>Roboto</strong>웹 폰트를 사용하고 있습니다.
    </p>
    <p>
        다음은 아이콘 폰트 예제입니다:
        <i class="fas fa-home icon"></i>홈
        <i class="fas fa-envelope icon"></i>이메일
    </p>
</body>
</html>
```

웹 폰트와 아이콘 폰트는 현대적인 웹 디자인을 구현하는 데 필수적인 도구입니다. 웹 폰트를 활용하면 텍스트를 고유한 스타일로 표현할 수 있고, 아이콘 폰트는 간단하면서도 시각적으로 매력적인 인터페이스를 제공할 수 있습니다. 이 두 가지를 적절히 활용하면 더욱 세련되고 직관적인 웹 페이지를 디자인할 수 있습니다.

목록과 표 스타일링

목록과 표는 정보를 체계적으로 정리하고 사용자에게 가독성 높은 방식으로 제공하기 위한 중요한 HTML 요소입니다. CSS를 사용하면 이러한 요소의 기본적인 스타일을 개선하고, 웹 페이지의 시각적 매력을 더할 수 있습니다. 목록은 순서와 계층 구조를 표현하는 데 유용하며, 표는 데이터를 행과 열로 정리하여 명확하게 전달할 수 있습니다.

1. 목록 스타일링

목록에는 순서 없는 목록(unordered list, ⟨ul⟩), 순서 있는 목록(ordered list, ⟨ol⟩), 정의 목록(description list, ⟨dl⟩)이 있습니다.

1.1. 기본 스타일 속성

1) **list-style-type**: 목록 항목의 스타일을 설정합니다.
- **값**: disc(기본값), circle, square, none 등.

- 예:

```
ul{
    list-style-type: circle;
}
```

2) list-style-position: 마커(기호)의 위치를 설정합니다.
- **값**: inside(목록 항목 내부), outside(목록 항목 외부, 기본값).
- 예:

```
ul{
    list-style-position: inside;
}
```

3) list-style-image: 마커 대신 사용자 지정 이미지 사용.
- 예:

```
ul{
    list-style-image: url('custom-marker.png');
}
```

1.2. 사용자 정의 스타일

CSS를 사용해 목록 마커를 숨기고, 대체 스타일을 적용할 수 있습니다.

```css
ul{
    list-style-type: none;
    padding: 0;
}
ul li::before {
    content: '•';
    color: blue;
    margin-right: 10px;
}
```

1.3. 종합 예제

```
<ul>
    <li>HTML</li>
    <li>CSS</li>
    <li>JavaScript</li>
</ul>
ul{
    list-style-type: square;
    padding: 10px;
}
ul li{
    font-size: 18px;
    color: darkblue;
}
```

2. 표 스타일링

표(〈table〉)는 데이터를 행(row)과 열(column)로 정리하는 데 사용됩니다. 기본 HTML 표는 단순한 구조이지만, CSS를 사용하면 더욱 읽기 쉽고 세련된 표를 만들 수 있습니다.

2.1. 기본 스타일 속성
1) border: 표의 테두리를 설정합니다.
- 예:

```
table{
    border: 1px solid black;
    border-collapse: collapse;
}
```

2) padding과 text-align: 셀의 여백과 텍스트 정렬을 설정합니다.
- 예:

```
th, td{
    padding: 8px;
    text-align: left;
}
```

3) border-spacing: 셀 간의 간격을 설정합니다.
- 예:

```
table{
    border-spacing: 10px;
}
```

2.2. 대체 행 스타일

nth-child()를 사용해 짝수 또는 홀수 행에 스타일을 적용하여 가독성을 높일 수 있습니다.

```
tr:nth-child(even) {
    background-color: #f2f2f2;
}
tr:hover {
    background-color: #e0e0e0;
}
```

2.3. 캡션과 강조

- **캡션**: 표에 제목을 추가합니다.

```
<caption>학생 성적표</caption>
```

- **강조**: 특정 행이나 열에 강조 스타일을 적용합니다.

```css
th{
   background-color: #4CAF50;
   color: white;
}
```

2.4. 종합 예제

```html
<table>
   <caption>학생 성적표</caption>
   <thead>
      <tr>
         <th>이름</th>
         <th>과목</th>
         <th>점수</th>
      </tr>
   </thead>
   <tbody>
      <tr>
         <td>홍길동</td>
         <td>수학</td>
         <td>95</td>
      </tr>
      <tr>
         <td>이몽룡</td>
         <td>영어</td>
         <td>88</td>
      </tr>
   </tbody>
</table>
```

```css
table{
    width: 100%;
    border-collapse: collapse;
    margin: 20px 0;
    font-size: 16px;
    text-align: left;
}
th, td{
    padding: 12px;
    border: 1px solid #ddd;
}
tr:nth-child(even) {
    background-color: #f9f9f9;
}
tr:hover {
    background-color: #f1f1f1;
}
caption{
    font-size: 18px;
    font-weight: bold;
    margin-bottom: 10px;
}
```

3. 종합 코드

```html
<!DOCTYPE html>
<html lang="en">
<head>
    <meta charset="UTF-8">
    <meta name="viewport" content="width=device-width, initial-scale=1.0">
    <title>목록과 표 스타일링</title>
```

```html
<style>
    /* 목록 스타일 */
    ul{
        list-style-type: circle;
        padding: 0 20px;
    }
    ul li{
        margin: 5px 0;
        font-size: 18px;
    }
    /* 표 스타일 */
    table{
        width: 100%;
        border-collapse: collapse;
        margin: 20px 0;
        font-size: 16px;
        text-align: left;
    }
    th, td{
        padding: 12px;
        border: 1px solid #ddd;
    }
    tr:nth-child(even) {
        background-color: #f9f9f9;
    }
    tr:hover {
        background-color: #f1f1f1;
    }
    caption{
        font-size: 18px;
        font-weight: bold;
        margin-bottom: 10px;
    }
</style>
</head>
```

```
<body>
   <h1>목록과 표 스타일링</h1>

   <h2>목록 스타일링</h2>
   <ul>
      <li>HTML</li>
      <li>CSS</li>
      <li>JavaScript</li>
   </ul>

   <h2>표 스타일링</h2>
   <table>
      <caption>학생 성적표</caption>
      <thead>
         <tr>
            <th>이름</th>
            <th>과목</th>
            <th>점수</th>
         </tr>
      </thead>
      <tbody>
         <tr>
            <td>홍길동</td>
            <td>수학</td>
            <td>95</td>
         </tr>
         <tr>
            <td>이몽룡</td>
            <td>영어</td>
            <td>88</td>
         </tr>
      </tbody>
   </table>
</body>
</html>
```

목록과 표는 웹 페이지에서 정보를 체계적으로 정리하는 데 매우 중요한 요소입니다. CSS를 사용하면 목록과 표를 시각적으로 매력적이고, 사용자 친화적으로 스타일링할 수 있습니다. 기본 속성을 이해하고 다양한 스타일링 기법을 적용하면, 더 나은 가독성과 디자인을 갖춘 웹 페이지를 구현할 수 있습니다.

박스 모델

CSS의 박스 모델(Box Model)은 웹 디자인의 기본 원리이자 모든 HTML 요소의 동작을 설명하는 핵심 개념입니다. 웹 페이지에서 모든 요소는 보이지 않는 **박스** 형태로 구성되며, 이 박스는 콘텐츠, 안쪽 여백(padding), 테두리(border), 바깥 여백(margin)으로 이루어져 있습니다. 이 구조를 이해하면 요소의 크기를 계산하고, 요소 간의 간격과 배치를 조정하는 데 있어 보다 체계적으로 접근할 수 있습니다.

박스 모델은 단순히 요소의 크기를 정의하는 것을 넘어, 콘텐츠와 시각적 공간의 관계를 설계하는 데 사용됩니다. 테두리를 활용해 요소를 강조하거나, 여백을 통해 요소 간의 간격을 조정하고, 안쪽 여백으로 콘텐츠와 테두리 사이의 공간을 확보함으로써 사용자에게 직관적이고 가독성 높은 레이아웃을 제공할 수 있습니다.

이 장에서는 박스 모델의 기본 구성 요소와 속성을 이해하고, 이를 활용하여 웹 페이지를 체계적으로 설계하는 방법을 배웁니다. 박스 모델은 CSS의 근본을 이루는 개념이므로, 이를 명확히 이해하는 것은 모든 웹 디자인 작업의 출발점이 됩니다. 지금부터 박스 모델을 활용하여 정돈된 레이아웃과 매끄러운 사용자 경험을 만들어 보세요.

CSS 박스 모델의 이해

CSS 박스 모델(Box Model)은 웹 페이지에서 HTML 요소를 표현하고 배치하는 기본 원리입니다. 모든 HTML 요소는 눈에 보이든 보이지 않든, 하나의 사각형 박스로 간주됩니다. 이 박스 모델은 콘텐츠의 크기와 요소 간의 간격을 결정하며, 웹 페이지의 레이아웃을 설계하는 데 핵심적인 역할을 합니다.

박스 모델은 다음과 같은 네 가지 구성 요소로 이루어져 있습니다:

1. 박스 모델의 구성 요소

1) 콘텐츠(Content)
- 요소의 실제 내용이 표시되는 영역입니다.
- 예를 들어, 텍스트나 이미지가 위치하는 부분으로, width와 height 속성으로 크기를 지정합니다.

2) 안쪽 여백(Padding)
- 콘텐츠와 테두리(border) 사이의 간격을 설정합니다.
- 배경색(background-color)은 패딩 영역까지 확장됩니다.

- 예:

```
padding: 10px;
```

3) 테두리(Border)

- 콘텐츠와 패딩을 둘러싸는 경계선입니다.
- 테두리의 두께, 스타일, 색상을 설정할 수 있습니다.
- 예:

```
border: 2px solid black;
```

4) 바깥 여백(Margin)

- 요소와 요소 사이의 간격을 설정합니다.
- 마진은 투명하며, 인접 요소와의 거리만을 결정합니다.
- 예:

```
margin: 20px;
```

2. 박스 모델의 동작

박스 모델에 따라 요소의 전체 크기는 다음과 같이 계산됩니다:

- 총 너비 = 콘텐츠 너비 + 좌우 패딩 + 좌우 테두리 두께 + 좌우 마진
- 총 높이 = 콘텐츠 높이 + 상하 패딩 + 상하 테두리 두께 + 상하 마진

예제

```
div{
    width: 200px;
    height: 100px;
    padding: 10px;
    border: 5px solid black;
    margin: 20px;
}
```

- **총 너비**: 200px(콘텐츠) + 10px(좌 패딩) + 10px(우 패딩) + 5px(좌 테두리) + 5px(우 테두리) = **230px**
- **총 높이**: 100px(콘텐츠) + 10px(상 패딩) + 10px(하 패딩) + 5px(상 테두리) + 5px(하 테두리) = **130px**

3. 박스 모델의 유형: box-sizing

CSS의 box-sizing 속성을 사용하면 박스 모델의 동작 방식을 변경할 수 있습니다.

1) content-box(기본값)
- width와 height는 **콘텐츠 영역**만 포함합니다.
- 패딩과 테두리는 콘텐츠 영역 외부에 추가됩니다.

2) border-box
- width와 height가 콘텐츠, 패딩, 테두리를 포함한 **전체 박스 크기**를 정의합니다.
- **예**:

```
box-sizing: border-box;
```

비교

```
/* content-box */
div{
    width: 200px;
    padding: 10px;
    border: 5px solid black;
}
```

- **총 너비**: 200px + 10px(좌 패딩) + 10px(우 패딩) + 5px(좌 테두리) + 5px(우 테두리) = **230px**

```
/* border-box */
div{
    width: 200px;
    padding: 10px;
    border: 5px solid black;
    box-sizing: border-box;
}
```

- **총 너비**: 200px(패딩과 테두리가 포함됨)

4. 주요 속성

1) width와 height
- 콘텐츠 영역의 너비와 높이를 정의합니다.

2) padding
- 안쪽 여백을 설정하며, 상하좌우를 개별적으로 지정할 수 있습니다.
- 단축 속성:

```
padding: 10px;           /* 모든 방향 */
padding: 10px 20px;      /* 상하, 좌우 */
padding: 10px 15px 20px; /* 상, 좌우, 하 */
padding: 10px 15px 20px 5px; /* 상, 우, 하, 좌 */
```

3) border

- 테두리의 두께, 스타일, 색상을 설정합니다.
- **예**:

```
border: 3px solid red;
```

4) margin

- 바깥 여백을 설정하며, 상하좌우를 개별적으로 지정할 수 있습니다.
- **단축 속성**:

```
margin: 10px;              /* 모든 방향 */
margin: 10px 20px;         /* 상하, 좌우 */
margin: 10px 15px 20px;    /* 상, 좌우, 하 */
margin: 10px 15px 20px 5px; /* 상, 우, 하, 좌 */
```

5) margin: auto

- 수평 중앙 정렬을 위해 사용됩니다.

5. 종합 예제

```html
<!DOCTYPE html>
<html lang="en">
<head>
   <meta charset="UTF-8">
   <meta name="viewport" content="width=device-width, initial-scale=1.0">
   <title>박스 모델 이해</title>
   <style>
     div{
        width: 300px;
        height: 150px;
        padding: 20px;
        border: 5px solid blue;
        margin: 30px auto;
        background-color: lightgray;
        box-sizing: border-box;
     }
   </style>
</head>
<body>
   <div>박스 모델 예제</div>
</body>
</html>
```

 CSS 박스 모델은 웹 요소의 크기와 간격을 설계하는 기본적인 원리로, 웹 페이지 레이아웃을 설계하는 데 핵심적인 역할을 합니다.

box-sizing 속성을 적절히 활용하면 요소 크기를 더 직관적이고 효율적으로 관리할 수 있습니다. 박스 모델을 이해하고 이를 활용해, 체계적이고 세련된 웹 디자인을 구현해 보세요!

테두리와 여백 조정

웹 페이지에서 테두리와 여백은 요소의 가독성과 레이아웃을 개선하는 데 필수적인 역할을 합니다. 테두리(Border)는 요소를 시각적으로 구분하고 강조하며, 여백(Margin, Padding)은 요소 간의 간격과 내부 공간을 조정합니다. CSS를 활용하면 이러한 속성을 세밀하게 조정하여 콘텐츠를 더 직관적이고 매력적으로 배치할 수 있습니다.

1. 테두리(Border)

1.1. 테두리 속성

CSS에서 테두리는 border 속성을 사용하여 설정하며, 세 가지 요소로 구성됩니다:

- **두께(Width)**: 테두리의 두께를 지정합니다.
- **스타일(Style)**: 테두리의 선 스타일을 지정합니다.
- **색상(Color)**: 테두리의 색상을 지정합니다.

1.2. 단축 속성

border 속성은 테두리의 두께, 스타일, 색상을 한 번에 설정합니다.

```
div{
    border: 2px solid blue;
}
```

1.3. 개별 테두리 설정

각 방향(위, 오른쪽, 아래, 왼쪽)에 대해 개별적으로 설정할 수 있습니다.

```
div{
    border-top: 3px solid red;
    border-right: 5px dotted green;
    border-bottom: 2px dashed blue;
    border-left: 4px double black;
}
```

1.4. 테두리 스타일 값

- **solid**: 실선.
- **dashed**: 대시(점선).
- **dotted**: 점선.

- **double**: 이중선.
- **groove**: 입체감 있는 선(홈).
- **ridge**: 입체감 있는 선(돋아난 모양).
- **none**: 테두리 없음.

1.5 둥근 모서리(border-radius)

테두리의 모서리를 둥글게 만듭니다.

```
div{
   border: 2px solid black;
   border-radius: 10px; /* 모든 모서리 */
}
개별 모서리를 지정하려면 다음과 같이 설정합니다:
div{
   border-radius: 10px 20px 30px 40px; /* 순서: 상좌, 상우, 하우, 하좌 */
}
```

2. 여백(Margin, Padding)

2.1. 내부 여백(Padding)
- 요소 내부의 콘텐츠와 테두리 사이의 간격을 설정합니다.

- 예:

```
div{
    padding: 20px;
}
```

2.2. 외부 여백(Margin)

- 요소와 요소 간의 간격을 설정합니다.
- 예:

```
div{
    margin: 30px;
}
```

2.3. 단축 속성

여백은 상하좌우를 한 번에 설정할 수 있으며, 단축 속성을 사용합니다:

- 한 방향: padding: 10px; (모든 방향 동일)
- 두 방향: padding: 10px 20px; (상하, 좌우)
- 세 방향: padding: 10px 15px 20px; (상, 좌우, 하)
- 네 방향: padding: 10px 15px 20px 25px; (상, 우, 하, 좌)

2.4. 자동 여백(margin: auto)

- 요소를 수평으로 중앙 정렬합니다.
- 예:

```
div{
    margin: 0auto;
    width: 50%;
}
```

2.5. 음수 여백

- 음수값을 사용해 요소를 다른 요소와 겹치게 할 수 있습니다.
- 예:

```
div{
    margin-top: -10px;
}
```

3. 종합 예제

```
<!DOCTYPE html>
<html lang="en">
<head>
    <meta charset="UTF-8">
    <meta name="viewport" content="width=device-width, initial-scale=1.0">
```

```html
<title>테두리와 여백 조정</title>
<style>
  body{
      font-family: Arial, sans-serif;
  }
  .box{
      width: 300px;
      height: 150px;
      border: 3px solid #3498db; /* 테두리 설정 */
      border-radius: 15px;      /* 둥근 모서리 */
      padding: 20px;            /* 내부 여백 */
      margin: 20px auto;        /* 외부 여백 */
      background-color: #f9f9f9;
  }
  .highlight{
      border: 2px dashed red;
      padding: 10px;
      margin-top: -10px; /* 음수 여백 */
  }
</style>
</head>
<body>
  <h1>테두리와 여백 예제</h1>
  <div class="box">
      이 박스는 테두리와 여백, 패딩이 적용된 예제입니다.
      <div class="highlight">내부 박스</div>
  </div>
</body>
</html>
```

테두리와 여백 조정은 웹 페이지의 요소 간의 공간을 설계하고, 콘텐츠의 가독성과 정렬을 개선하는 데 필수적입니다. border 속성을 사용해 요소를 시각적으로 강조하거나, padding과 margin을 통해 요소 간의 간격을 조절함으로써 깔끔하고 직관적인 레이아웃을 설계할 수 있습니다. 이를 적절히 활용하면 더욱 완성도 높은 웹 페이지를 만들 수 있습니다.

레이아웃 만들기와 위치 지정

레이아웃은 웹 페이지의 콘텐츠를 논리적이고 시각적으로 효과적으로 배치하는 과정입니다. CSS는 다양한 레이아웃 기술과 속성을 제공하며, 이를 통해 정적 페이지부터 복잡한 반응형 웹까지 다양한 디자인을 구현할 수 있습니다. 위치 지정 속성은 레이아웃에서 요소를 정확하게 배치하거나 특정 위치에 고정하는 데 사용됩니다.

1. CSS 레이아웃 방식

1.1. 표준 문서 흐름
- HTML 요소는 기본적으로 **표준 문서 흐름**에 따라 위에서 아래로 배치됩니다.
- 블록 요소는 수직으로 쌓이고, 인라인 요소는 수평으로 배치됩니다.

1.2. 주요 레이아웃 기술
1) **플렉스박스(Flexbox)**: 1차원 레이아웃(가로 또는 세로 방향)에서 유용합니다.

```
display: flex;
justify-content: center; /* 가로 정렬 */
align-items: center; /* 세로 정렬 */
```

2) 그리드(Grid): 2차원 레이아웃(행과 열)을 설계하는 데 적합합니다.

```
display: grid;
grid-template-columns: repeat(3, 1fr); /* 3개의 열 */
grid-template-rows: auto;
```

3) 플로트(Float): 콘텐츠를 좌우로 정렬하는 과거 방식. 현재는 잘 사용되지 않습니다.

```
float: left;
```

4) 포지셔닝(Positioning): 요소를 문서 흐름에서 제거하거나 특정 위치에 배치하는 데 적합합니다

```
position: absolute;
top: 50px;
left: 100px;
```

2. 위치 지정(Position)

CSS의 position 속성은 요소의 위치를 지정하는 데 사용됩니다.

2.1. static(기본값)

- 요소는 표준 문서 흐름에 따라 배치됩니다.
- 위치 관련 속성(top, left 등)이 무시됩니다.

2.2. relative

- 요소를 표준 문서 흐름 내에서 **상대적으로 이동**시킵니다.
- 예:

```
div{
    position: relative;
    top: 10px; /* 기존 위치에서 아래로 10px 이동 */
    left: 20px; /* 기존 위치에서 오른쪽으로 20px 이동 */
}
```

2.3. absolute

- 부모 요소를 기준으로 **절대 위치**를 지정합니다.
- 부모 요소에 position: relative 또는 position: absolute가 설정되어 있어야 합니다.
- 예:

```
div{
    position: absolute;
    top: 50px;
    left: 100px;
}
```

2.4. fixed

- 뷰포트(화면)를 기준으로 고정됩니다.
- 스크롤 시에도 위치가 변하지 않습니다.
- 예:

```css
header{
   position: fixed;
   top: 0;
   width: 100%;
   background-color: #333;
   color: white;
}
```

2.5. sticky

- 요소가 **스크롤 위치에 따라 동적**으로 고정됩니다.
- 특정 스크롤 위치에 도달할 때 고정되며, 부모 요소 내에서만 작동합니다.
- 예:

```css
div{
   position: sticky;
   top: 0;
}
```

3. 주요 레이아웃 속성

1) display 속성
- 요소의 레이아웃 유형을 설정합니다.
- **주요 값**:
    - **block**: 블록 요소로 설정.
    - **inline**: 인라인 요소로 설정.
    - **flex**: 플렉스 컨테이너로 설정.
    - **grid**: 그리드 컨테이너로 설정.
- 예:

```
div{
    display: flex;
    justify-content: space-between;
}
```

2) float 속성
- 요소를 좌우로 정렬.
- 예:

```
img{
    float: left;
    margin-right: 10px;
}
```

3) z-index 속성

- 요소의 쌓임 순서를 설정합니다. 값이 클수록 위에 배치됩니다.
- 예:

```
div{
   position: absolute;
   z-index: 10;
}
```

4) 정렬 관련 속성

- **justify-content**: 플렉스 또는 그리드 컨테이너에서 가로 방향 정렬.
- **align-items**: 플렉스 또는 그리드 컨테이너에서 세로 방향 정렬.

4. 종합 예제

```
<!DOCTYPE html>
<html lang="en">
<head>
   <meta charset="UTF-8">
   <meta name="viewport" content="width=device-width, initial-scale=1.0">
   <title>레이아웃과 위치 지정</title>
   <style>
      body{
         margin: 0;
```

```css
            font-family: Arial, sans-serif;
        }
        header{
            position: fixed;
            top: 0;
            width: 100%;
            background-color: #333;
            color: white;
            text-align: center;
            padding: 10px 0;
            z-index: 10;
        }
        .container{
            display: flex;
            flex-direction: row;
            justify-content: space-around;
            margin-top: 60px; /* 헤더 높이만큼 여백 추가 */
        }
        .box{
            width: 150px;
            height: 150px;
            background-color: lightblue;
            text-align: center;
            line-height: 150px;
            border: 2px solid #007BFF;
        }
        .sticky-box{
            position: sticky;
            top: 10px;
            background-color: lightcoral;
            padding: 10px;
        }
    </style>
```

```
</head>
<body>
    <header>고정된 헤더</header>
    <div class="container">
        <div class="box">Box 1</div>
        <div class="box">Box 2</div>
        <div class="box">Box 3</div>
    </div>
    <div class="sticky-box">
        스크롤 시 상단에 고정되는 박스 (Sticky)
    </div>
</body>
</html>
```

CSS의 레이아웃과 위치 지정은 콘텐츠를 체계적이고 효과적으로 배치하는 데 핵심적인 역할을 합니다. position 속성과 플렉스박스, 그리드 시스템과 같은 레이아웃 기술을 적절히 조합하면, 다양한 화면 크기와 요구 사항에 맞는 사용자 친화적인 웹 페이지를 설계할 수 있습니다. 이를 통해 더 나은 사용자 경험을 제공하는 웹을 만들어 보세요.

배경과 그래픽 효과

웹 디자인은 단순히 정보를 전달하는 것을 넘어, 사용자에게 시각적 즐거움과 몰입감을 제공하는 것이 중요합니다. **배경과 그래픽 효과**는 웹 페이지의 분위기를 설정하고, 브랜드의 개성을 표현하며, 사용자 경험을 풍부하게 만드는 강력한 도구입니다. CSS는 색상, 이미지, 그러데이션, 그림자, 필터 등 다양한 속성을 통해 배경과 그래픽 효과를 자유롭게 조정할 수 있는 기능을 제공합니다.

배경은 웹 페이지의 전체적인 느낌을 좌우하는 핵심 요소로, 단색 배경부터 복잡한 이미지와 패턴, 움직이는 애니메이션 배경까지 폭넓은 표현이 가능합니다. 한편, 그래픽 효과는 텍스트나 이미지 같은 개별 요소를 강조하고, 콘텐츠 간의 계층 구조를 명확히 하는 데 사용됩니다. 그림자, 투명도, 필터 효과 등을 적절히 활용하면 평범한 디자인도 세련되고 감각적인 디자인으로 탈바꿈할 수 있습니다.

이 장에서는 CSS **배경 속성**을 통해 색상과 이미지를 활용하는 방법부터 **그래픽 효과**를 적용하여 웹 페이지의 시각적 완성도를 높이는 기술을 학습합니다. 배경과 그래픽 효과는 웹 디자인에서 중요한 역할을 하며, 이를 효과적으로 활용하면 사용자에게 강렬하고 잊히지 않는 인상을 남길 수 있습니다. 지금부터, 배경과 그래픽 효과로 웹 페이지에 감각적이고 창의적인 요소를 더하는 방법을 배워 봅시다.

배경색과 배경 이미지 설정

웹 페이지의 배경은 사용자가 가장 먼저 접하게 되는 시각적 요소로, 전체적인 분위기와 디자인의 방향성을 결정합니다. CSS는 배경을 설정하기 위해 **배경색(Background Color)**과 **배경 이미지(Background Image)**라는 강력한 도구를 제공합니다. 이를 활용하면 단조로운 페이지에 색다른 감각을 더하고, 콘텐츠와 디자인의 조화를 이루는 다양한 표현이 가능합니다.

1. 배경색 설정(background-color)

배경색은 웹 페이지 또는 특정 요소의 배경에 단일 색상을 지정하는 가장 기본적인 방법입니다.

사용법

```
div{
    background-color: lightblue;
}
```

색상 지정 방식

1) 색상 이름: CSS에서 제공하는 색상 이름을 사용합니다.

```
background-color: red;
```

2) 16진수(Hex 코드): # 뒤에 6자리 또는 3자리 코드를 사용합니다.

```
background-color: #ff5733;
```

3) RGB 색상: Red, Green, Blue의 값을 0~255 범위로 지정합니다.

```
background-color: rgb(255, 87, 51);
```

4) RGBA 색상: RGB에 투명도(Alpha) 값을 추가하여 설정합니다.

```
background-color: rgba(255, 87, 51, 0.5);
```

2. 배경 이미지 설정(background-image)

배경 이미지는 특정 이미지 파일을 요소의 배경으로 지정합니다.

사용법

```
div{
    background-image: url('background.jpg');
}
```

이미지 경로 지정

- **상대 경로**: HTML 파일과 같은 디렉터리에 있는 파일을 기준으로 경로를 지정합니다.

```
background-image: url('images/background.jpg');
```

- **절대 경로**: 이미지의 전체 URL을 사용합니다.

```
background-image: url('https://example.com/images/background.jpg');
```

추가 속성

1) background-repeat: 이미지 반복 여부를 설정합니다.

- **repeat**: 기본값, 이미지를 반복.
- **no-repeat**: 반복하지 않음.
- **repeat-x**: 수평 반복.
- **repeat-y**: 수직 반복.

```
background-repeat: no-repeat;
```

2) background-position: 이미지의 위치를 지정합니다.

- **값**: top, center, bottom, left, right, 또는 픽셀 단위.

```
background-position: center;
background-position: 50px 100px; /* X축, Y축 */
```

3) background-size: 이미지 크기를 조정합니다.

- **auto**: 기본값, 원본 크기.
- **cover**: 요소를 완전히 덮도록 조정.
- **contain**: 이미지 전체가 요소 안에 들어가도록 조정.

```
background-size: cover;
```

4) background-attachment: 배경 이미지의 스크롤 동작을 설정합니다.

- **scroll**: 기본값, 콘텐츠와 함께 스크롤.
- **fixed**: 뷰포트에 고정.
- **local**: 스크롤 시 배경이 콘텐츠에 맞게 이동.

```
background-attachment: fixed;
```

3. 배경 속성 단축 작성

CSS는 여러 배경 속성을 한 줄로 작성할 수 있는 단축 속성을 제공합니다.

```
div{
    background: url('background.jpg') no-repeat center / cover;
}
```

4. 종합 예제

```
<!DOCTYPE html>
<html lang="en">
<head>
    <meta charset="UTF-8">
    <meta name="viewport" content="width=device-width, initial-scale=1.0">
    <title>배경색과 배경 이미지 설정</title>
    <style>
        body{
            margin: 0;
            font-family: Arial, sans-serif;
        }
        .background-color{
            height: 200px;
```

```
            background-color: lightblue;
            text-align: center;
            line-height: 200px;
            font-size: 20px;
            color: darkblue;
        }
        .background-image{
            height: 300px;
            background-image: url('https://via.placeholder.com/800x300');
            background-repeat: no-repeat;
            background-position: center;
            background-size: cover;
            color: white;
            text-align: center;
            line-height: 300px;
            font-size: 20px;
        }
    </style>
</head>
<body>
    <div class="background-color">이 영역은 배경색이 적용되었습니다.</div>
    <div class="background-image">이 영역은 배경 이미지가 적용되었습니다.</div>
</body>
</html>
```

배경색과 배경 이미지는 웹 페이지의 분위기와 개성을 표현하는 데 중요한 요소입니다. CSS의 다양한 배경 속성을 활용하면 단순한 배경부터 고급스럽고 창의적인 디자인까지 구현할 수 있습니다. 배경의 설정은 콘텐츠와 조화를 이루어야 하며, 사용자 경험을 고려한 선택이 필요합니다. 배경색과 배경 이미지를 효과적으로 활용하여 더욱 매력적이고 완성도 높은 웹 페이지를 만들어 보세요.

그레디션 효과 활용하기

CSS의 그레디션 효과는 단일 색상 배경보다 더 풍부한 시각적 표현을 가능하게 해 주는 기능으로, 색상이 부드럽게 변화하는 효과를 제공합니다. 이를 통해 단순한 색상 배경에 깊이감과 다채로운 분위기를 더할 수 있으며, 버튼, 배경, 텍스트 등 다양한 요소에 활용할 수 있습니다. CSS는 **선형 그레디션(linear gradient)**, **방사형 그레디션(radial gradient)** 그리고 원뿔형 그레디션(conic gradient)을 지원합니다.

1. 선형 그레디션(linear-gradient)

선형 그레디션은 지정된 방향으로 색상이 부드럽게 변화하는 효과를 만듭니다.

기본 문법

```
background: linear-gradient(방향, 색상1, 색상2, ...);
```

방향 지정

1) 키워드: to top, to bottom(기본값), to left, to right.

```
background: linear-gradient(to right, red, blue);
```

2) 각도: 0deg(위), 90deg(오른쪽), 180deg(아래), 270deg(왼쪽).

```
background: linear-gradient(45deg, red, yellow, green);
```

색상 조합

1) 단순한 두 가지 색상:

```
background: linear-gradient(to right, #ff5733, #33c1ff);
```

2) 여러 색상으로 그라데이션:

```
background: linear-gradient(to bottom, red, orange, yellow, green, blue, indigo, violet);
```

3) 색상 전환 지점 지정:

```
background: linear-gradient(to right, red 20%, yellow 50%, green 80%);
```

2. 방사형 그러데이션(radial-gradient)

방사형 그러데이션은 중심점에서 바깥쪽으로 색상이 변화하는 효과를 제공합니다.

기본 문법

```
background: radial-gradient(모양, 색상1, 색상2, ...);
```

모양 지정

1) 기본값: 원형(circle).

```
background: radial-gradient(circle, red, blue);
```

2) 타원형(ellipse)

```
background: radial-gradient(ellipse, yellow, green);
```

중심 위치 조정

```
at 키워드로 중심점을 설정합니다.
background: radial-gradient(circle at center, red, blue);
background: radial-gradient(circle at top left, red, yellow, green);
```

3. 원뿔형 그러데이션(conic-gradient)

원뿔형 그러데이션은 중심점을 기준으로 색상이 회전하며 변화하는 효과를 제공합니다.

기본 문법

```
background: conic-gradient(색상1, 색상2, ...);
```

사용 예
1) 기본:

```
background: conic-gradient(red, yellow, green, blue);
```

2) 시작 각도와 비율 지정:

```
background: conic-gradient(from 45deg, red 25%, yellow 50%, green 75%, blue);
```

4. 반복 그러데이션

CSS는 그러데이션을 반복하여 패턴을 만들 수 있습니다.

선형 반복(repeating-linear-gradient)

```
background: repeating-linear-gradient(45deg, red, yellow 10%, green 20%);
```

방사형 반복(repeating-radial-gradient)

```
background: repeating-radial-gradient(circle, red, yellow 10%, green 20%);
```

5. 종합 예제

```
<!DOCTYPE html>
<html lang="en">
<head>
  <meta charset="UTF-8">
  <meta name="viewport" content="width=device-width, initial-scale=1.0">
  <title>그러데이션 효과</title>
  <style>
    body{
       margin: 0;
       font-family: Arial, sans-serif;
    }
    .linear{
       height: 200px;
       background: linear-gradient(to right, #ff7e5f, #feb47b);
       display: flex;
       align-items: center;
       justify-content: center;
       color: white;
       font-size: 20px;
    }
    .radial{
       height: 200px;
       background: radial-gradient(circle, #ff7e5f, #feb47b);
       display: flex;
       align-items: center;
       justify-content: center;
       color: white;
       font-size: 20px;
    }
```

```
    .conic{
        height: 200px;
        background: conic-gradient(from 90deg, red, yellow, green, blue);
        display: flex;
        align-items: center;
        justify-content: center;
        color: white;
        font-size: 20px;
    }
  </style>
</head>
<body>
  <div class="linear">선형 그러데이션</div>
  <div class="radial">방사형 그러데이션</div>
  <div class="conic">원뿔형 그러데이션</div>
</body>
</html>
```

그러데이션 효과는 웹 페이지 디자인에 깊이감과 창의성을 더할 수 있는 강력한 도구입니다. 선형, 방사형, 원뿔형 그러데이션을 적절히 활용하면 배경뿐만 아니라 버튼, 텍스트, 그래픽 요소 등 다양한 디자인에 독특하고 감각적인 표현을 추가할 수 있습니다. 그러데이션 효과로 웹 페이지를 더욱 매력적이고 세련되게 연출해 보세요!

디지털 환경은 스마트폰, 태블릿, 데스크톱 등 다양한 기기와 화면 크기로 빠르게 확장되고 있습니다. 이런 변화 속에서 웹 페이지는 모든 기기에서 최적의 사용자 경험을 제공해야 하는 과제를 안고 있습니다. 반응형 웹(Responsive Web Design)은 이러한 요구를 충족하기 위해 등장한 접근 방식으로, 웹 페이지가 다양한 화면 크기와 해상도에 유연하게 적응하도록 설계합니다.

반응형 웹 디자인은 고정된 레이아웃이 아닌, **유동적 그리드(flexible grid)**, **가변적 이미지(flexible images)** 그리고 미디어 쿼리(media queries)를 활용해 다양한 기기에서 웹 페이지를 최적화합니다. 사용자가 어떤 디바이스를 사용하더라도 콘텐츠는 읽기 쉽고, 레이아웃은 직관적이며, 디자인은 일관성을 유지할 수 있습니다.

이 장에서는 반응형 웹의 개념과 원리를 살펴보고, 다양한 화면 크기에 적응하는 방법을 배웁니다. CSS 미디어 쿼리의 활용법, 유동적 레이아웃 설계, 그리고 반응형 웹 구현을 위한 핵심 기술들을 다루게 됩니다. 반응형 웹은 현대 웹 디자인의 필수 요소이며, 이를 효과적으로 구현하면 사용자 경험과 접근성을 동시에 향상시킬 수 있습니다. 지금부터 모든 디바이스에서 완벽하게 작동하는 웹 페이지를 만들어 보는 여정을 시작해 봅시다.

4부

반응형 웹

반응형 웹이란 무엇인가

반응형 웹(Responsive Web Design)은 웹 페이지가 사용자의 기기 화면 크기, 해상도, 방향 등에 따라 유연하게 조정되어 최적의 사용자 경험을 제공하는 웹 디자인 접근 방식입니다. 이는 별도의 모바일 사이트를 만들지 않고, 하나의 HTML 구조에서 다양한 디바이스 환경에 적응하는 웹 페이지를 설계하는 것을 목표로 합니다.

반응형 웹은 다음 세 가지 주요 원칙을 기반으로 합니다:

1) **유동적 그리드(Flexible Grid)**: 고정된 픽셀 단위 대신 상대적 단위(예: 퍼센트 % 또는 em)를 사용하여 레이아웃을 설계합니다. 이를 통해 웹 페이지는 화면 크기에 따라 유동적으로 크기가 조정됩니다.
2) **가변적 이미지(Flexible Images)**: 이미지 크기를 기기 화면 크기에 맞게 조정합니다. CSS 속성인 max-width: 100%;를 사용하여 이미지가 부모 요소를 넘어가지 않도록 설정하거나, 미디어 쿼리를 활용해 화면 크기에 따라 다른 이미지를 로드할 수 있습니다.
3) **미디어 쿼리(Media Queries)**: CSS의 강력한 기능으로, 화면 크기, 해상도, 방향 등 다양한 조건에 따라 스타일을 변경합니다. 이를 통해 특정 기기 환경에서 적합한 디자인을 적용할 수 있습니다.

반응형 웹의 장점

1) **사용자 경험 개선**: 다양한 기기에서 일관되고 최적화된 사용자 경험을 제공합니다.
2) **유지보수 용이**: 하나의 HTML 구조와 스타일 시트로 다양한 디바이스를 지원하므로 관리와 유지보수가 효율적입니다.
3) **SEO 친화적**: 별도의 모바일 사이트를 만들지 않으므로 URL 구조가 단순하며, 검색 엔진 최적화(SEO)에 유리합니다.
4) **비용 절감**: 단일 코드베이스로 다양한 환경에 대응할 수 있어 개발 및 관리 비용을 줄일 수 있습니다.

반응형 웹의 동작 예

데스크톱과 모바일 화면 크기에서 레이아웃이 어떻게 변하는지 확인할 수 있습니다.

```
<!DOCTYPE html>
<html lang="en">
<head>
   <meta charset="UTF-8">
   <meta name="viewport" content="width=device-width, initial-scale=1.0">
   <title>반응형 웹 예제</title>
```

```html
    <style>
      body{
        margin: 0;
        font-family: Arial, sans-serif;
      }
      .container{
        display: flex;
        flex-wrap: wrap;
      }
      .box{
        flex: 11300px; /* 유동적 너비 */
        margin: 10px;
        padding: 20px;
        background-color: #3498db;
        color: white;
        text-align: center;
        border-radius: 5px;
      }
      @media (max-width: 600px) {
        .box{
          flex: 11100%; /* 작은 화면에서는 한 줄로 정렬 */
        }
      }
    </style>
  </head>
  <body>
    <div class="container">
      <div class="box">Box 1</div>
      <div class="box">Box 2</div>
      <div class="box">Box 3</div>
    </div>
  </body>
</html>
```

반응형 웹은 현대 웹 디자인의 필수 요소로, 다양한 기기와 화면 크기에서 최적화된 웹 페이지를 제공하는 데 중점을 둡니다. 유동적 그리드, 가변적 이미지, 미디어 쿼리라는 핵심 기술을 활용하여 웹 페이지를 설계하면, 사용자 경험을 향상시키고 관리 효율성을 높일 수 있습니다. 반응형 웹은 단순한 기술 이상의 의미를 가지며, 변화하는 디지털 환경에 대응하는 가장 중요한 설계 접근 방식 중 하나입니다.

유연한 디자인 요소 만들기

유연한 디자인 요소는 다양한 기기와 화면 크기에서도 일관된 사용자 경험을 제공하는 반응형 웹의 핵심입니다. 이를 통해 레이아웃, 이미지, 텍스트, 버튼과 같은 요소가 고정된 크기에서 벗어나 화면 크기에 따라 유연하게 변화하도록 설계할 수 있습니다. CSS의 강력한 기능을 활용하면 이러한 디자인 요소를 쉽고 효과적으로 구현할 수 있습니다.

1. 유동적 크기와 상대적 단위

1.1. 유동적 크기

픽셀(px)과 같은 고정된 단위 대신, 상대적 단위(%, em, rem, vw, vh)를 사용하여 요소가 부모 요소나 뷰포트 크기에 따라 조정됩니다.

- **%(퍼센트)**: 부모 요소의 크기를 기준으로 비율을 설정.

```
div{
    width: 50%; /* 부모 요소의 절반 너비 */
}
```

- **vw와 vh**: 뷰포트의 너비(Viewport Width)와 높이(Viewport Height)를 기준으로 비율을 설정.

```
div{
   width: 80vw; /* 뷰포트 너비의 80% */
   height: 50vh; /* 뷰포트 높이의 50% */
}
```

- **em과 rem**: 글꼴 크기를 기준으로 크기를 설정.
- **em**: 부모 요소의 글꼴 크기를 기준으로 계산.
- **rem**: 루트 요소(〈html〉)의 글꼴 크기를 기준으로 계산.

```
p{
   font-size: 1.5rem; /* 루트 글꼴 크기의 1.5배 */
}
```

2. 유동적 그리드와 레이아웃

2.1. 플렉스박스(Flexbox)

플렉스박스는 요소를 유동적으로 정렬하고 배치하는 데 적합합니다.

• **유동적 너비**

```
.container{
   display: flex;
   flex-wrap: wrap;
}
.item{
   flex: 11200px; /* 최소 200px, 남은 공간은 나눔 */
}
```

• **중앙 정렬**

```
.container{
   display: flex;
   justify-content: center; /* 가로 중앙 정렬 */
   align-items: center; /* 세로 중앙 정렬 */
}
```

2.2. CSS 그리드(Grid)

그리드는 2차원 레이아웃을 유동적으로 설계하는 데 유용합니다.

• **유동적 열**

```
.grid-container{
   display: grid;
   grid-template-columns: repeat(auto-fit, minmax(150px, 1fr)); /* 최소 150px, 남은 공간 나눔 */
   gap: 10px;
}
```

3. 가변적 이미지

이미지는 화면 크기에 맞게 자동으로 조정되도록 설계해야 합니다.

3.1. CSS를 사용한 이미지 크기 조정

```
img{
    max-width: 100%; /* 부모 요소를 넘지 않음 */
    height: auto; /* 비율 유지 */
}
```

3.2. 미디어 쿼리를 사용한 이미지 변경

```
@media (max-width: 600px) {
   img{
      width: 80%; /* 작은 화면에서 너비 조정 */
   }
}
```

4. 텍스트와 버튼

4.1. 반응형 텍스트

clamp()를 사용하면 최소, 최대 크기와 유동적인 글꼴 크기를 지정할 수 있습니다.

```
h1{
    font-size: clamp(1rem, 2.5vw, 2rem); /* 최소 1rem, 최대 2rem, 화면 너비의 2.5% */
}
```

4.2. 유동적 버튼

```
button{
    padding: 1rem 2rem; /* 상대적 단위 사용 */
    font-size: 1rem;
    width: 100%; /* 부모 요소 크기 따라 유동적으로 조정 */
    max-width: 300px; /* 최대 너비 제한 */
}
```

5. 종합 예제

```html
<!DOCTYPE html>
<html lang="en">
<head>
  <meta charset="UTF-8">
  <meta name="viewport" content="width=device-width, initial-scale=1.0">
  <title>유연한 디자인 요소</title>
  <style>
    body{
      margin: 0;
      font-family: Arial, sans-serif;
    }
    .container{
      display: flex;
      flex-wrap: wrap;
      gap: 20px;
      padding: 20px;
    }
    .item{
      flex: 11200px; /* 최소 너비 200px, 유동적 배치 */
      background-color: #3498db;
      color: white;
      padding: 20px;
      text-align: center;
      border-radius: 10px;
    }
    img{
      max-width: 100%; /* 이미지가 부모 요소를 넘지 않음 */
      height: auto; /* 비율 유지 */
    }
```

```
    h1{
        font-size: clamp(1.5rem, 5vw, 3rem); /* 유동적 텍스트 크기 */
        text-align: center;
        margin: 20px 0;
    }
  </style>
</head>
<body>
  <h1>유연한 디자인 요소</h1>
  <div class="container">
    <div class="item">박스 1</div>
    <div class="item">박스 2</div>
    <div class="item">박스 3</div>
  </div>
  <img src="https://via.placeholder.com/800x400" alt="반응형 이미지">
</body>
</html>
```

유연한 디자인 요소는 다양한 화면 크기와 환경에서도 적응할 수 있는 웹 페이지를 설계하는 데 필수적입니다. 유동적 단위, 플렉스박스, 그리드, 그리고 반응형 이미지와 텍스트를 활용하면 사용자 경험을 향상시키고, 유지보수가 용이한 웹 페이지를 만들 수 있습니다. 이러한 기술을 활용해, 모든 기기에서 최적의 사용자 경험을 제공하는 웹 페이지를 설계해 보세요.

미디어 쿼리 사용법

미디어 쿼리(Media Queries)는 CSS에서 제공하는 강력한 도구로, 화면 크기, 해상도, 디바이스 특성 등에 따라 다른 스타일을 적용할 수 있습니다. 이를 통해 웹 페이지는 데스크톱, 태블릿, 스마트폰 등 다양한 환경에 적응하는 반응형 웹 디자인을 구현할 수 있습니다.

1. 미디어 쿼리의 기본 문법

미디어 쿼리는 @media 규칙을 사용하며, 특정 조건에 따라 CSS 스타일을 적용합니다.

```
@media (조건) {
    /* 조건이 참일 때 적용할 스타일 */
    선택자 {
        속성: 값;
    }
}
```

예시: 화면 너비가 768px 이하일 때 적용

```
@media (max-width: 768px) {
   body{
      background-color: lightblue;
   }
}
```

2. 주요 조건(Media Features)

2.1. 화면 크기

- **max-width**: 지정된 너비 이하의 화면에 적용.

```
@media (max-width: 768px) { ... }
```

- **min-width**: 지정된 너비 이상의 화면에 적용.

```
@media (min-width: 1024px) { ... }
```

- **min-width와 max-width를 함께 사용**: 특정 범위에서 스타일 적용.

```
@media (min-width: 768px) and (max-width: 1024px) { ... }
```

2.2. 화면 높이

- **max-height**: 지정된 높이 이하의 화면에 적용.
- **min-height**: 지정된 높이 이상의 화면에 적용.

2.3. 해상도

- **resolution**: 화면의 해상도(DPI 또는 DPCM)를 기준으로 스타일 적용.

```
@media (min-resolution: 300dpi) { ... }
```

2.4. 색상

- **prefers-color-scheme**: 다크 모드와 라이트 모드를 감지.

```
@media (prefers-color-scheme: dark) {
   body{
      background-color: #333;
      color: white;
   }
}
```

2.5. 방향

- **orientation**: 화면의 방향을 기준으로 스타일 적용.
- **portrait**: 세로 모드.
- **landscape**: 가로 모드.

```
@media (orientation: portrait) {
   body{
      background-color: lightgreen;
   }
}
```

3. 미디어 쿼리의 응용

3.1. 반응형 텍스트 크기

화면 크기에 따라 글자 크기를 조정합니다.

```
h1{
   font-size: 2rem;
}
@media (max-width: 768px) {
   h1{
      font-size: 1.5rem;
   }
}
```

3.2. 유동적 레이아웃

화면 크기에 따라 레이아웃 변경.

```
.container{
   display: flex;
   flex-direction: row;
}
@media (max-width: 768px) {
   .container{
      flex-direction: column;
   }
}
```

3.3. 이미지 대체

화면 크기에 따라 이미지를 변경.

```
@media (max-width: 600px) {
   .hero-image{
      background-image: url('small-image.jpg');
   }
}
@media (min-width: 601px) {
   .hero-image{
      background-image: url('large-image.jpg');
   }
}
```

4. 종합 예제

```
<!DOCTYPE html>
<html lang="en">
<head>
  <meta charset="UTF-8">
  <meta name="viewport" content="width=device-width, initial-scale=1.0">
  <title>미디어 쿼리 예제</title>
  <style>
    body{
      font-family: Arial, sans-serif;
      margin: 0;
      padding: 0;
      background-color: white;
      color: black;
    }
    .container{
      display: flex;
      justify-content: space-around;
      padding: 20px;
    }
    .box{
      width: 200px;
      height: 200px;
      background-color: lightblue;
      text-align: center;
      line-height: 200px;
      border-radius: 10px;
      margin: 10px;
    }
```

```
    @media (max-width: 768px) {
      body{
        background-color: lightgray;
      }
      .container{
        flex-direction: column;
        align-items: center;
      }
      .box{
        width: 100%;
        max-width: 300px;
        margin: 10px auto;
      }
    }
  </style>
</head>
<body>
  <h1>미디어 쿼리 사용법</h1>
  <div class="container">
    <div class="box">Box 1</div>
    <div class="box">Box 2</div>
    <div class="box">Box 3</div>
  </div>
</body>
</html>
```

미디어 쿼리는 반응형 웹 디자인의 핵심 도구로, 다양한 디바이스와 화면 크기에 적합한 웹 페이지를 설계하는 데 필수적입니다. 화면 크기, 해상도, 방향 등 다양한 조건을 조합하여 사용자에게 최적화된 경험을 제공할 수 있습니다. 이를 활용해 모든 환경에서 효과적으로 동작하는 웹 페이지를 만들어 보세요.

플렉스박스 레이아웃

웹 디자인에서 요소를 정렬하고 배치하는 일은 매우 중요하지만, 다양한 화면 크기와 복잡한 레이아웃 요구를 모두 만족시키는 것은 쉽지 않습니다. CSS 플렉스박스(Flexbox)는 이러한 문제를 해결하기 위해 등장한 강력하고 유연한 레이아웃 시스템으로, 1차원(가로 또는 세로) 방향의 콘텐츠 정렬과 배치에 최적화된 도구입니다.

플렉스박스는 기존의 float, table, inline-block 같은 전통적인 레이아웃 방식의 한계를 극복하며, 요소를 동적으로 정렬하고 간격을 조정할 수 있는 간단하면서도 직관적인 방법을 제공합니다. 이를 통해 개발자는 다양한 디바이스와 화면 크기에 적응하는 반응형 레이아웃을 효율적으로 설계할 수 있습니다.

이 장에서는 플렉스박스의 기본 개념과 주요 속성, 그리고 이를 활용한 다양한 레이아웃 디자인 방법을 배웁니다. 플렉스 컨테이너와 플렉스 아이템 간의 관계를 이해하고, 수평과 수직 정렬, 공간 분배, 순서 변경 등 유연한 레이아웃 설계의 모든 기초를 다루게 될 것입니다. 플렉스박스의 세계로 들어가, 간단하고 효율적인 웹 레이아웃을 설계하는 방법을 탐구해 봅시다.

플렉스박스의 기본 속성

CSS 플렉스박스(Flexbox)는 요소를 정렬하고 배치하는 강력한 레이아웃 도구로, 플렉스 컨테이너(flex container)와 **플렉스 아이템 (flex items)** 간의 관계를 정의합니다. 이를 통해 요소를 가로 또는 세로로 정렬하고, 공간을 균등하게 분배하거나 동적으로 배치할 수 있습니다. 플렉스박스의 기본 속성을 이해하면 간단한 레이아웃부터 복잡한 레이아웃까지 유연하게 설계할 수 있습니다.

1. 플렉스 컨테이너의 속성

플렉스 컨테이너는 display: flex; 또는 display: inline-flex;를 사용하여 설정됩니다. 컨테이너는 플렉스박스의 동작을 정의하며, 내부에 있는 플렉스 아이템의 정렬 방식을 결정합니다.

1.1. flex-direction
플렉스 아이템의 배치 방향을 설정합니다.
- **기본값**: row(왼쪽에서 오른쪽, 가로 방향).
- **값**:
    - **row**: 가로 방향, 왼쪽에서 오른쪽.

- **row-reverse**: 가로 방향, 오른쪽에서 왼쪽.
- **column**: 세로 방향, 위에서 아래.
- **column-reverse**: 세로 방향, 아래에서 위.

```
.container{
    flex-direction: column;
}
```

1.2. justify-content

플렉스 아이템의 **주축**(main axis) 정렬 방식을 설정합니다.

- **값**:
  - **flex-start**: 주축의 시작 지점으로 정렬(기본값).
  - **flex-end**: 주축의 끝 지점으로 정렬.
  - **center**: 주축의 가운데로 정렬.
  - **space-between**: 아이템 간에 동일한 간격을 배치.
  - **space-around**: 아이템 주위에 동일한 간격을 배치.
  - **space-evenly**: 아이템 간과 양 끝에 동일한 간격을 배치.

```
.container{
    justify-content: space-between;
}
```

1.3. align-items

플렉스 아이템의 **교차축**(cross axis) 정렬 방식을 설정합니다.

- **값**:
  - **stretch**: 교차축에 맞춰 아이템을 늘림(기본값).
  - **flex-start**: 교차축의 시작 지점으로 정렬.
  - **flex-end**: 교차축의 끝 지점으로 정렬.
  - **center**: 교차축의 가운데로 정렬.
  - **baseline**: 텍스트의 기준선을 기준으로 정렬.

```
.container{
   align-items: center;
}
```

1.4. flex-wrap

플렉스 아이템이 컨테이너의 크기를 초과할 경우, 아이템을 줄 바꿈 할지 여부를 설정합니다.

- **값**:
  - **nowrap**: 줄 바꿈 하지 않음(기본값).
  - **wrap**: 줄 바꿈 함.
  - **wrap-reverse**: 줄 바꿈 하되, 반대 방향으로 배치.

```
.container{
   flex-wrap: wrap;
}
```

1.5. align-content

여러 줄의 플렉스 아이템(교차축에서 줄이 생기는 경우)의 정렬 방식을 설정합니다.

단, flex-wrap: wrap이 설정되어야 효과가 있습니다.

- 값:
    - **flex-start**: 시작 지점에 정렬.
    - **flex-end**: 끝 지점에 정렬.
    - **center**: 가운데로 정렬.
    - **space-between**: 줄 사이에 동일한 간격.
    - **space-around**: 줄 주위에 동일한 간격.
    - **stretch**: 줄을 교차축에 맞춰 늘림(기본값).

```
.container{
    align-content: space-around;
}
```

2. 플렉스 아이템의 속성

플렉스 아이템은 플렉스 컨테이너 내부에 있는 요소입니다. 각 아이템은 개별적으로 배치와 크기를 조정할 수 있습니다.

2.1. flex

플렉스 아이템의 크기와 공간 분배 방식을 설정합니다.

단축 속성으로, flex-grow, flex-shrink, flex-basis의 값을 순서대로 지정합니다.

- **flex-grow**: 여유 공간이 있을 때 아이템이 얼마나 성장할지 결정.

```
.item{
    flex-grow: 1; /* 여유 공간을 동일하게 분배 */
}
```

- **flex-shrink**: 공간이 부족할 때 아이템이 얼마나 축소될지 결정.

```
.item{
    flex-shrink: 1; /* 축소 가능 */
}
```

- **flex-basis**: 아이템의 기본 크기를 설정(예: auto, px, %).

```
.item{
    flex-basis: 200px; /* 기본 크기 200px */
}
```

- **예**:

```
.item{
    flex: 11200px; /* grow: 1, shrink: 1, basis: 200px */
}
```

2.2. align-self

플렉스 아이템 개별적으로 교차축에서의 정렬 방식을 설정합니다. 컨테이너의 align-items 속성을 무시하고, 특정 아이템에만 적용됩니다.

- 값:
  - **auto**: 컨테이너의 align-items 속성을 상속(기본값).
  - flex-start, flex-end, center, baseline, stretch.

```
.item{
    align-self: center;
}
```

2.3. order

플렉스 아이템의 순서를 설정합니다.

기본값은 0이며, 값이 낮을수록 앞에 배치됩니다.

```
.item{
    order: 2; /* 아이템의 순서 변경 */
}
```

3. 종합 예제

```
<!DOCTYPE html>
<html lang="en">
<head>
    <meta charset="UTF-8">
    <meta name="viewport" content="width=device-width, initial-scale=1.0">
    <title>플렉스박스 기본 속성</title>
    <style>
        .container{
            display: flex;
            flex-wrap: wrap;
            justify-content: space-between;
            align-items: center;
            height: 200px;
            border: 2px solid #333;
        }
        .item{
            flex: 1 1 100px; /* grow: 1, shrink: 1, 기본 크기 100px */
            margin: 5px;
            text-align: center;
            padding: 10px;
            background-color: #3498db;
            color: white;
            border-radius: 5px;
        }
    </style>
</head>
<body>
    <div class="container">
        <div class="item">Item 1</div>
```

```
        <div class="item">Item 2</div>
        <div class="item">Item 3</div>
    </div>
</body>
</html>
```

 플렉스박스의 기본 속성은 콘텐츠를 동적으로 정렬하고 배치하며, 복잡한 레이아웃을 효율적으로 설계하는 데 필수적입니다. flex-direction, justify-content, align-items와 같은 컨테이너 속성과, flex, align-self, order 등의 아이템 속성을 적절히 활용하면 다양한 디자인 요구를 충족할 수 있습니다. 플렉스박스를 활용하여 보다 유연하고 현대적인 웹 페이지 레이아웃을 구현해 보세요!

반응형 배치를 위한 플렉스박스 활용

플렉스박스(Flexbox)는 화면 크기와 관계없이 요소를 유동적으로 배치하고 정렬할 수 있는 강력한 CSS 도구입니다. 반응형 웹 디자인에서 플렉스박스를 사용하면 레이아웃이 다양한 기기와 화면 크기에 적응하도록 설계할 수 있습니다. 이를 통해 콘텐츠는 화면 공간을 효율적으로 활용하고, 사용자 경험을 향상시킬 수 있습니다.

1. 반응형 배치의 기본 개념

1) 유동적 크기 지정
- flex-grow, flex-shrink, flex-basis를 활용해 요소의 크기를 화면 공간에 맞게 조정합니다.
- flex-wrap으로 요소가 공간을 초과할 경우 줄 바꿈을 설정합니다.

2) 미디어 쿼리와 조합
- 미디어 쿼리와 플렉스박스를 함께 사용하여 화면 크기별로 레이아웃을 조정합니다.

3) 간격 조정

- justify-content와 align-items를 사용해 요소 간의 간격과 정렬을 동적으로 설정합니다.

2. 플렉스박스 속성을 활용한 반응형 레이아웃

2.1. 유동적인 카드 레이아웃

화면 크기에 따라 카드의 개수와 배치를 조정합니다.

```html
<!DOCTYPE html>
<html lang="en">
<head>
  <meta charset="UTF-8">
  <meta name="viewport" content="width=device-width, initial-scale=1.0">
  <title>반응형 카드 레이아웃</title>
  <style>
    body{
      font-family: Arial, sans-serif;
      margin: 0;
      padding: 0;
    }
    .container{
      display: flex;
      flex-wrap: wrap; /* 줄 바꿈 활성화 */
      justify-content: space-around;
      gap: 20px;
      padding: 20px;
    }
```

```
    .card{
        flex: 1 1 calc(33.333% - 40px); /* 기본 너비: 3등분, 간격 보정 */
        max-width: 300px;
        background-color: #3498db;
        color: white;
        text-align: center;
        padding: 20px;
        border-radius: 10px;
        box-shadow: 0 4px 6px rgba(0, 0, 0, 0.1);
    }
    /* 화면 크기에 따른 레이아웃 변경 */
    @media (max-width: 768px) {
        .card{
            flex: 1 1 calc(50% - 40px); /* 기본 너비: 2등분 */
        }
    }
    @media (max-width: 480px) {
        .card{
            flex: 1 1 100%; /* 기본 너비: 한 줄 */
        }
    }
   </style>
</head>
<body>
   <div class="container">
      <div class="card">Card 1</div>
      <div class="card">Card 2</div>
      <div class="card">Card 3</div>
      <div class="card">Card 4</div>
      <div class="card">Card 5</div>
      <div class="card">Card 6</div>
   </div>
</body>
</html>
```

결과

1) 데스크톱: 카드 3개가 한 줄에 배치.

2) 태블릿: 카드 2개가 한 줄에 배치.

3) 모바일: 카드 1개가 한 줄에 배치.

2.2. 내비게이션 메뉴

화면 크기에 따라 내비게이션 메뉴의 배치를 조정합니다.

```html
<!DOCTYPE html>
<html lang="en">
<head>
  <meta charset="UTF-8">
  <meta name="viewport" content="width=device-width, initial-scale=1.0">
  <title>반응형 내비게이션</title>
  <style>
    body{
      margin: 0;
      font-family: Arial, sans-serif;
    }
    .nav{
      display: flex;
      flex-wrap: wrap;
      justify-content: space-between;
      background-color: #2c3e50;
      padding: 10px 20px;
    }
    .nav-item{
      color: white;
      text-decoration: none;
```

```
      padding: 10px 15px;
      margin: 5px;
      border-radius: 5px;
    }
    .nav-item:hover {
      background-color: #34495e;
    }
    /* 모바일 화면에서 메뉴를 세로로 정렬 */
    @media (max-width: 600px) {
      .nav{
        flex-direction: column;
        align-items: flex-start;
      }
    }
  </style>
</head>
<body>
  <div class="nav">
    <a href="#" class="nav-item">Home</a>
    <a href="#" class="nav-item">About</a>
    <a href="#" class="nav-item">Services</a>
    <a href="#" class="nav-item">Contact</a>
  </div>
</body>
</html>
```

결과

1) 데스크톱: 메뉴가 가로로 배치.

2) 모바일: 메뉴가 세로로 정렬.

3. 플렉스박스와 미디어 쿼리 조합의 이점

1) **효율적인 공간 활용**: 화면 크기에 따라 요소를 재배치하여 공간을 최대한 활용.
2) **일관된 사용자 경험**: 다양한 기기에서도 일관된 레이아웃 제공.
3) **유지보수 용이**: 플렉스박스의 직관적인 속성을 활용해 레이아웃 수정이 간편.

플렉스박스는 반응형 웹 디자인에서 요소를 유연하고 직관적으로 배치하는 데 최적의 도구입니다. 미디어 쿼리와 함께 사용하면 화면 크기에 따라 요소를 재배치하고 크기를 조정하여, 사용자에게 최적화된 경험을 제공할 수 있습니다. 플렉스박스를 활용해 유동적이고 적응력 있는 웹 페이지를 설계해 보세요!

CSS 그리드 레이아웃

현대 웹 디자인은 단순히 요소를 나열하는 것을 넘어, 콘텐츠를 직관적으로 배치하고 복잡한 레이아웃을 효율적으로 설계하는 것을 요구합니다. **CSS 그리드(Grid) 레이아웃**은 이러한 요구를 충족하기 위해 등장한 강력한 레이아웃 시스템으로, 웹 페이지에서 2차원(행과 열) 배치를 체계적으로 설계할 수 있는 도구를 제공합니다.

그리드 레이아웃은 행(row)과 열(column)을 기반으로 콘텐츠를 배치하며, 플렉스박스가 1차원 정렬에 최적화된 반면, 2차원 레이아웃을 설계하는 데 최적화되어 있습니다. 이를 통해 복잡한 레이아웃도 간단한 CSS 속성으로 구현할 수 있으며, 반응형 웹 디자인에서도 유연하고 효율적인 배치를 제공합니다.

이 장에서는 그리드 컨테이너와 그리드 아이템의 개념을 이해하고, 다양한 속성을 활용하여 레이아웃을 설계하는 방법을 배웁니다. CSS 그리드 레이아웃을 통해 단순한 레이아웃부터 복잡한 웹 페이지 설계까지, 체계적이고 효율적인 방법을 익혀 보세요. 이 강력한 도구는 웹 디자인의 새로운 표준으로 자리 잡고 있으며, 이를 활용하면 창의적이고 직관적인 웹 페이지를 구현할 수 있습니다.

그리드 레이아웃의 기본 개념

CSS 그리드 레이아웃(Grid Layout)은 웹 페이지에서 콘텐츠를 행(row)과 열(column)로 나누어 배치하는 강력한 레이아웃 시스템입니다. 그리드는 2차원 레이아웃 설계를 지원하며, 플렉스박스가 1차원(가로 또는 세로) 배치에 중점을 두는 것과는 달리, 동시에 가로와 세로를 관리할 수 있는 장점을 제공합니다.

1. 주요 용어

1) 그리드 컨테이너(Grid Container)
- 그리드 레이아웃이 적용된 부모 요소로, display: grid;를 설정합니다.
- 내부의 모든 자식 요소는 자동으로 그리드 아이템(Grid Items)이 됩니다.

2) 그리드 아이템(Grid Items)
- 그리드 컨테이너 안에 배치되는 자식 요소로, 행과 열에 따라 배치됩니다.

3) 그리드 라인(Grid Lines)

- 그리드를 나누는 선으로, 행과 열의 경계를 정의합니다.

4) 그리드 트랙(Grid Tracks)

- 그리드 라인 사이의 공간으로, 행 높이 또는 열 너비를 정의합니다.

5) 그리드 셀(Grid Cell)

- 하나의 그리드 트랙이 교차하여 형성된 단일 공간입니다.

6) 그리드 영역(Grid Area)

- 여러 그리드 셀이 합쳐져 하나의 영역을 형성합니다.

2. 그리드 레이아웃 설정

2.1. 그리드 컨테이너 정의

그리드 컨테이너를 설정하려면 부모 요소에 display: grid;를 지정합니다.

```
.container{
    display: grid;
}
```

2.2. 행과 열 정의

grid-template-rows와 grid-template-columns 속성을 사용해 행과 열의 크기를 정의합니다.

```
.container{
    display: grid;
    grid-template-rows: 100px 200px; /* 두 개의 행 */
    grid-template-columns: 1fr 2fr; /* 두 개의 열 */
}
```

- **픽셀(px)**: 고정 크기.
- **비율(fr)**: 사용 가능한 공간의 비율.

2.3. 간격 조정

gap 속성을 사용해 행과 열 사이의 간격을 설정합니다.

```
.container{
    gap: 20px; /* 행과 열 간격 모두 설정 */
    row-gap: 10px; /* 행 간격만 설정 */
    column-gap: 15px; /* 열 간격만 설정 */
}
```

3. 그리드 아이템 배치

그리드 아이템은 **자동 배치**되거나, 특정 위치에 수동으로 배치할 수 있습니다.

3.1. 자동 배치
기본적으로 그리드 아이템은 그리드 컨테이너에 정의된 행과 열에 따라 순서대로 배치됩니다.

3.2. 수동 배치
아이템의 위치를 지정하려면 grid-row와 grid-column 속성을 사용합니다.

```
.item{
   grid-row: 1 / 2; /* 첫 번째 행에 배치 */
   grid-column: 1 / 3; /* 첫 번째부터 두 번째 열까지 차지 */
}
```

- **1 / 2**: 시작 라인 1, 끝 라인 2.
- **span 키워드**: 특정 개수만큼 셀을 차지.

```
grid-row: span 2; /* 두 개의 행 차지 */
```

3.3. 그리드 영역 정의

grid-area를 사용해 특정 영역에 배치합니다.

```
.item{
    grid-area: 1 / 1 / 3 / 3; /* 행 시작/열 시작/행 끝/열 끝 */
}
```

4. 반복적인 레이아웃 설정

4.1. repeat() 함수

repeat()를 사용해 동일한 크기의 행이나 열을 반복적으로 정의할 수 있습니다.

```
.container{
    grid-template-columns: repeat(3, 1fr); /* 동일한 크기의 열 3개 */
    grid-template-rows: repeat(2, 100px); /* 동일한 크기의 행 2개 */
}
```

4.2. 자동 크기 조정

auto-fit과 auto-fill을 사용하면 화면 크기에 맞춰 열의 개수를 자동으로 조정할 수 있습니다.

```css
.container{
    grid-template-columns: repeat(auto-fit, minmax(100px, 1fr));
}
```

5. 종합 예제

```html
<!DOCTYPE html>
<html lang="en">
<head>
    <meta charset="UTF-8">
    <meta name="viewport" content="width=device-width, initial-scale=1.0">
    <title>그리드 레이아웃 기본</title>
    <style>
        .container{
            display: grid;
            grid-template-rows: 100px 200px; /* 행 높이 설정 */
            grid-template-columns: 1fr 2fr; /* 열 너비 설정 */
            gap: 20px; /* 간격 설정 */
            background-color: #f4f4f4;
            padding: 10px;
        }
        .item{
            background-color: #3498db;
```

```
      color: white;
      text-align: center;
      line-height: 100px;
      border-radius: 5px;
    }
    .item:nth-child(2) {
      grid-row: 1 / 3; /* 첫 번째 행부터 두 번째 행까지 */
      grid-column: 2 / 3; /* 두 번째 열 */
    }
  </style>
</head>
<body>
  <div class="container">
    <div class="item">1</div>
    <div class="item">2</div>
    <div class="item">3</div>
    <div class="item">4</div>
  </div>
</body>
</html>
```

CSS 그리드 레이아웃은 복잡한 2차원 배치를 효율적으로 설계할 수 있는 강력한 도구입니다. 행과 열을 자유롭게 정의하고, 아이템을 유연하게 배치할 수 있어 현대 웹 디자인에서 필수적인 기술로 자리 잡았습니다. 그리드 레이아웃의 기본 개념을 익히고, 이를 활용해 체계적이고 직관적인 웹 페이지 레이아웃을 설계해 보세요!

그리드 영역과 라인을 활용한 배치

CSS 그리드 레이아웃의 핵심은 그리드 영역(Grid Area)과 그리드 라인(Grid Line)을 사용하여 콘텐츠를 배치하는 것입니다. 이를 활용하면 HTML 구조를 변경하지 않고도 콘텐츠를 자유롭게 배치하거나, 복잡한 레이아웃을 효율적으로 설계할 수 있습니다.

1. 그리드 라인을 활용한 배치

그리드 라인은 행과 열을 구분하는 선으로, 각 라인은 숫자 또는 이름으로 식별됩니다. 이를 통해 그리드 아이템을 특정 위치에 배치할 수 있습니다.

1.1. grid-row와 grid-column
- **grid-row**: 아이템의 시작 행과 끝 행을 지정합니다.
- **grid-column**: 아이템의 시작 열과 끝 열을 지정합니다.

```
.item{
    grid-row: 1 / 3; /* 첫 번째에서 세 번째 행까지 차지 */
    grid-column: 2 / 4; /* 두 번째에서 네 번째 열까지 차지 */
}
```

1.2. span 키워드

span을 사용하면 지정된 라인 수만큼 공간을 차지할 수 있습니다.

```
.item{
    grid-row: span 2; /* 2개의 행을 차지 */
    grid-column: span 3; /* 3개의 열을 차지 */
}
```

2. 그리드 영역을 활용한 배치

그리드 영역은 여러 개의 셀이 결합된 영역입니다. grid-area 속성을 사용해 이름을 지정하거나 직접 위치를 정의할 수 있습니다.

2.1. grid-template-areas

grid-template-areas는 레이아웃의 이름을 정의하고, 각 그리드 아이템을 해당 이름에 매핑합니다.

```
.container{
    display: grid;
    grid-template-areas:
        "header header"
        "sidebar content"
        "footer footer" ;
    grid-template-rows: 100px 1fr 50px;
```

```
    grid-template-columns: 200px 1fr;
}
.header{
    grid-area: header;
}
.sidebar{
    grid-area: sidebar;
}
.content{
    grid-area: content;
}
.footer{
    grid-area: footer;
}
```

3. 종합 예제

```
<!DOCTYPE html>
<html lang="en">
<head>
    <meta charset="UTF-8">
    <meta name="viewport" content="width=device-width, initial-scale=1.0">
    <title>그리드 영역과 라인 활용</title>
    <style>
        .container{
            display: grid;
```

```
            grid-template-rows: 100px 200px 100px; /* 행 높이 */
            grid-template-columns: 1fr 2fr 1fr; /* 열 너비 */
            grid-gap: 10px; /* 간격 */
        }
        .item1{
            grid-row: 1 / 2;
            grid-column: 1 / 4;
            background-color: #3498db;
        }
        .item2{
            grid-row: 2 / span 1;
            grid-column: 1 / 2;
            background-color: #e74c3c;
        }
        .item3{
            grid-row: 2 / 3;
            grid-column: 2 / 4;
            background-color: #2ecc71;
        }
        .item4{
            grid-row: 3 / 4;
            grid-column: 1 / span 3;
            background-color: #9b59b6;
        }
        .item{
            color: white;
            text-align: center;
            line-height: 100px;
            font-size: 18px;
            border-radius: 5px;
        }
    </style>
</head>
```

```
<body>
  <div class="container">
    <div class="item item1">Header</div>
    <div class="item item2">Sidebar</div>
    <div class="item item3">Content</div>
    <div class="item item4">Footer</div>
  </div>
</body>
</html>
```

4. 활용 팁

1) 레이아웃이 복잡할수록 grid-template-areas를 사용하면 가독성이 높아집니다.
- 영역 이름을 지정하여 코드를 직관적으로 설계할 수 있습니다.

2) grid-row와 grid-column은 유동적인 배치에 유용합니다.
- span 키워드를 활용해 크기를 동적으로 조정할 수 있습니다.

3) 반응형 디자인과 결합
- @media 쿼리와 함께 사용하여 화면 크기에 따라 레이아웃을 조정하세요.

그리드 라인과 영역은 CSS 그리드 레이아웃의 가장 강력한 기능으로, 복잡한 배치를 효율적으로 설계할 수 있습니다. 이를 활용하면 HTML 구조를 변경하지 않고도 콘텐츠를 자유롭게 배치하고 관리할 수 있습니다. 그리드 레이아웃의 유연성과 강력함을 활용해, 정돈되고 직관적인 웹 페이지를 만들어 보세요!

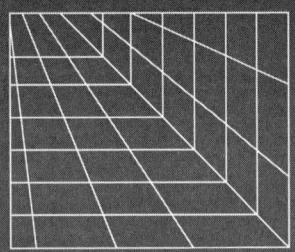

CSS는 단순히 텍스트와 이미지를 꾸미는 것을 넘어, 현대적인 웹 디자인에서 강력하고 정교한 기능을 제공합니다. **고급 CSS 기능**을 활용하면, 시각적으로 매력적이고 사용자 경험을 극대화하는 웹 페이지를 설계할 수 있습니다. 이러한 기능들은 효율적인 스타일 관리, 정교한 애니메이션, 사용자와의 동적 상호작용을 가능하게 하며, 웹 개발의 창의성을 한층 더 확장합니다.

이 장에서는 **고급 선택자, 트랜지션과 애니메이션** 같은 고급 기능을 다룹니다. 고급 선택자는 복잡한 조건에 따라 스타일을 적용할 수 있도록 하며, 트랜지션과 애니메이션은 웹 페이지에 생동감을 더합니다.

CSS의 고급 기능을 마스터하면, 단순히 미적 요소를 구현하는 것을 넘어 효율적이고 혁신적인 웹 디자인을 구현할 수 있습니다. 이제 CSS의 기본을 넘어서, 웹 디자인의 가능성을 확장하는 여정을 시작해 봅시다.

5부
고급 CSS

CSS 고급 선택자와 함수

CSS의 기본 선택자와 속성만으로도 많은 것을 구현할 수 있지만, 복잡한 웹 디자인에서는 더욱 정교한 제어와 유연한 스타일링이 필요합니다. 고급 선택자(Advanced Selectors)는 복잡한 조건에 따라 특정 요소를 선택하거나, 요소 간의 관계를 기반으로 스타일을 적용할 수 있는 강력한 도구를 제공합니다. 이를 통해 HTML 구조가 복잡해져도 효율적으로 스타일링할 수 있습니다.

한편, CSS 함수(Functions)는 색상, 치수, 계산 등을 동적으로 처리하여 더 유연하고 창의적인 스타일링을 가능하게 합니다. calc(), clamp(), 그리고 var()와 같은 함수는 디자인의 유연성을 극대화하며, 복잡한 계산과 조건을 코드로 간단히 해결할 수 있도록 도와줍니다.

이 장에서는 고급 선택자를 사용해 세부적인 조건을 처리하는 방법과, CSS 함수로 동적이고 유연한 디자인을 구현하는 방법을 다룹니다. 이를 통해 정교한 스타일링이 필요한 프로젝트에서도 효율적으로 작업할 수 있는 강력한 도구를 익히게 될 것입니다. 지금부터 CSS의 고급 기능으로, 한층 더 세련되고 전문적인 웹 디자인을 구현하는 방법을 탐구해 봅시다.

연결 선택자와 속성 선택자

CSS에서 연결 선택자(Combinators)와 속성 선택자(Attribute Selectors)는 HTML 요소 간의 관계를 정의하거나, 특정 속성을 기준으로 스타일을 적용할 수 있도록 해 주는 강력한 도구입니다. 이 선택자들은 HTML 구조가 복잡해질수록 더욱 유용하며, 효율적이고 정교한 스타일링을 가능하게 합니다.

1. 연결 선택자(Combinators)

연결 선택자는 두 개 이상의 요소를 연결하여 요소 간의 관계를 정의합니다.

1.1. 자손 선택자(Descendant Combinator)
- **문법**: A B
- **설명**: 요소 A의 **모든 자손 요소** B에 스타일을 적용합니다.
- **예제**:

```
div p{
    color: blue; /* div 내부의 모든 p 요소 */
}
```

1.2. 자식 선택자(Child Combinator)

- **문법**: A > B
- **설명**: 요소 A의 **직접 자식 요소** B에만 스타일을 적용합니다.
- **예제**:

```
div > p{
    color: red; /* div의 직접 자식인 p 요소 */
}
```

1.3. 형제 선택자(Adjacent Sibling Combinator)

- **문법**: A + B
- **설명**: 요소 A **바로 뒤에 위치한 형제 요소** B에 스타일을 적용합니다.
- **예제**:

```
h1 + p{
    font-size: 18px; /* h1 바로 뒤에 오는 p 요소 */
}
```

1.4. 일반 형제 선택자(General Sibling Combinator)

- **문법**: A ~ B
- **설명**: 요소 A 이후에 위치한 모든 형제 요소 B에 스타일을 적용합니다.

- **예제**:

```
h1 ~ p{
   color: green; /* h1 이후의 모든 p 요소 */
}
```

2. 속성 선택자(Attribute Selectors)

속성 선택자는 HTML 요소의 특정 속성을 기준으로 스타일을 적용합니다.

2.1. 특정 속성을 가진 요소 선택
- **문법**: [attribute]
- **설명**: 지정된 속성을 가진 모든 요소를 선택합니다.
- **예제**:

```
[title] {
   font-weight: bold; /* title 속성이 있는 모든 요소 */
}
```

2.2. 특정 속성과 값이 일치하는 요소 선택

- **문법**: [attribute="value"]
- **설명**: 지정된 속성과 값이 **정확히 일치**하는 요소를 선택합니다.
- **예제**:

```
[type="button"] {
    background-color: blue; /* type="button"인 요소 */
}
```

2.3. 특정 속성과 값이 포함된 요소 선택

- **문법**: [attribute*="value"]
- **설명**: 지정된 속성값에 **부분적으로 포함**된 요소를 선택합니다.
- **예제**:

```
[class*="btn"] {
    padding: 10px; /* class 속성에 'btn'이 포함된 요소 */
}
```

2.4. 특정 속성과 값이 접두사로 시작하는 요소 선택

- **문법**: [attribute^="value"]
- **설명**: 지정된 속성값이 **지정된 문자열로 시작**하는 요소를 선택합니다.

- **예제**:

```
[href^="https"] {
    color: green; /* href 속성이 https로 시작하는 링크 */
}
```

2.5. 특정 속성과 값이 접미사로 끝나는 요소 선택

- **문법**: [attribute$="value"]
- **설명**: 지정된 속성값이 **지정된 문자열로 끝나는 요소**를 선택합니다.
- **예제**:

```
[src$=".jpg"] {
    border: 2px solid black; /* src 속성이 .jpg로 끝나는 이미지 */
}
```

2.6. 특정 속성과 값이 공백으로 구분된 리스트에 포함된 요소 선택

- **문법**: [attribute~="value"]
- **설명**: 속성값이 공백으로 구분된 리스트에 **특정 단어를 포함**한 요소를 선택합니다.
- **예제**:

```
[class~="highlight"] {
    background-color: yellow; /* class 속성에 'highlight' 단어가 포함된 요소 */
}
```

2.7. 특정 속성과 값이 대시로 구분된 접두사에 포함된 요소 선택

- **문법**: [attribute|="value"]
- **설명**: 지정된 속성값이 **value** 또는 **value-로 시작**하는 요소를 선택합니다.
- **예제**:

```
[lang|="en"] {
    font-style: italic; /* lang 속성이 en 또는 en-으로 시작 */
}
```

3. 종합 예제

```
<!DOCTYPE html>
<html lang="en">
<head>
   <meta charset="UTF-8">
   <meta name="viewport" content="width=device-width, initial-scale=1.0">
   <title>연결 선택자와 속성 선택자</title>
   <style>
      /* 연결 선택자 */
      div p{
         color: blue; /* 모든 자손 p */
      }
      div > p{
         font-weight: bold; /* 직접 자식 p */
```

```
      }
    h1 + p{
        font-size: 18px; /* 바로 뒤 p */
    }
    h1 ~ p{
        color: green; /* 뒤따르는 모든 p */
    }
    /* 속성 선택자 */
    [title] {
        text-decoration: underline; /* title 속성이 있는 요소 */
    }
    [href^="https"] {
        color: darkgreen; /* https로 시작하는 링크 */
    }
    [class*="btn"] {
        padding: 10px; /* class 속성에 'btn' 포함.*/
        background-color: lightblue;
    }
  </style>
</head>
<body>
  <div>
    <p>이 문장은 div의 자손입니다.</p>
    <p title="example">이 문장은 직접 자식입니다.</p>
  </div>
  <h1>제목</h1>
  <p>제목 바로 뒤의 문장입니다.</p>
  <p>제목 이후의 다른 문장입니다.</p>
  <a href="https://example.com">HTTPS로 시작하는 링크</a>
  <button class="btn-primary">버튼</button>
</body>
</html>
```

연결 선택자와 속성 선택자는 HTML 요소 간의 관계와 속성을 활용하여 정교하고 효율적인 스타일링을 가능하게 합니다. 이 선택자들은 HTML 구조를 변경하지 않고도 다양한 조건에 맞게 스타일을 적용할 수 있어, 복잡한 웹 디자인 작업에서도 강력한 도구로 활용됩니다. 이러한 선택자를 익혀, 더 세밀하고 유연한 CSS 설계를 시작해 보세요!

가상 클래스와 가상 요소

CSS의 가상 클래스(Pseudo-classes)와 가상 요소(Pseudo-elements)는 기본 선택자만으로는 다룰 수 없는 동적 상태나 특정 부분을 스타일링하는 강력한 도구입니다. 가상 클래스는 요소의 상태에 따라 스타일을 적용하고, 가상 요소는 요소 내부의 특정 부분이나 추가된 가상의 콘텐츠를 스타일링합니다. 이를 활용하면 HTML 구조를 변경하지 않고도 다양한 디자인 요구를 충족할 수 있습니다.

1. 가상 클래스(Pseudo-classes)

가상 클래스는 요소의 상태나 특정 조건에 따라 스타일을 적용하는 선택자입니다.

1.1. 동적 상태 선택

- **:hover**: 사용자가 요소 위에 마우스를 올렸을 때.

```
button:hover {
    background-color: blue;
}
```

- **:active**: 요소가 활성화되었을 때(예: 클릭 중).

```
button:active {
    background-color: darkblue;
}
```

- **:focus**: 요소가 포커스를 받을 때.

```
input:focus {
    border: 2px solid green;
}
```

1.2. 구조적 상태 선택

- **:nth-child()**: 부모 요소의 특정 위치에 있는 자식 요소를 선택.

```
li:nth-child(2) {
    color: red; /* 두 번째 리스트 항목 */
}
```

- **:first-child/ :last-child**: 부모의 첫 번째/마지막 자식 요소.

```
p:first-child {
    font-weight: bold;
}
```

- **:nth-of-type()**: 같은 태그 유형 중 특정 위치의 요소.

```
div:nth-of-type(3) {
   background-color: yellow;
}
```

1.3. 상태와 관계

- **:not()**: 특정 조건을 만족하지 않는 요소.

```
p:not(.highlight) {
   color: gray;
}
```

- **:has()**: 특정 자식 요소를 포함하는 부모.

```
div:has(img) {
   border: 2px solid blue;
}
```

2. 가상 요소(Pseudo-elements)

가상 요소는 HTML 요소의 특정 부분을 선택하거나 가상의 콘텐츠를 생성합니다. 가상 요소는 ::를 사용하며, 과거에는 :로 표기되기도 했습니다.

2.1. 주요 가상 요소

- **::before**: 요소의 첫 번째 위치에 가상의 콘텐츠를 추가.

```
h1::before {
   content: "";
   color: red;
}
```

- **::after**: 요소의 마지막 위치에 가상의 콘텐츠를 추가.

```
h1::after {
   content: "";
   color: green;
}
```

- **::first-line**: 요소의 첫 번째 줄을 스타일링.

```
p::first-line {
   font-weight: bold;
}
```

- **::first-letter**: 요소의 첫 글자를 스타일링.

```
p::first-letter {
   font-size: 2rem;
   color: blue;
}
```

3. 가상 클래스와 가상 요소의 차이점

 가상 클래스는 요소의 상태나 조건에 따라 스타일을 적용하며, 동적 상태(예: :hover, :nth-child)에 반응하는 데 사용됩니다. 반면, 가상 요소는 요소 내부의 특정 부분이나 가상의 콘텐츠를 선택하거나 생성하여 스타일을 적용하며, HTML에 없는 추가적인 시각적 콘텐츠(예: ::before, ::after)를 정의할 수 있습니다.

4. 종합 예제

```html
<!DOCTYPE html>
<html lang="en">
<head>
  <meta charset="UTF-8">
  <meta name="viewport" content="width=device-width, initial-scale=1.0">
  <title>가상 클래스와 가상 요소</title>
  <style>
    /* 가상 클래스 */
    button:hover {
        background-color: blue;
        color: white;
    }
    li:nth-child(2) {
        font-weight: bold;
        color: red;
    }
```

```
        div:has(img) {
            border: 2px solid green;
            padding: 10px;
        }
        /* 가상 요소 */
        h1::before {
            content: "";
            color: orange;
        }
        h1::after {
            content: "";
            color: green;
        }
        p::first-line {
            font-weight: bold;
            text-transform: uppercase;
        }
        p::first-letter {
            font-size: 2rem;
            color: blue;
        }
    </style>
</head>
<body>
    <h1>가상 클래스와 가상 요소</h1>
    <button>클릭하세요</button>
    <ul>
        <li>항목 1</li>
        <li>항목 2</li>
        <li>항목 3</li>
    </ul>
    <div>
        <img src="https://via.placeholder.com/150" alt="Placeholder">
```

```
        <p>이미지가 포함된 div입니다.</p>
    </div>
    <p>이 문장의 첫 번째 줄과 첫 번째 글자는 특별합니다.</p>
</body>
</html>
```

가상 클래스와 가상 요소는 CSS 스타일링을 정교하고 다채롭게 만들어 주는 필수 도구입니다. 가상 클래스는 요소의 상태나 관계를 기반으로 동적 스타일을 제공하며, 가상 요소는 콘텐츠의 특정 부분이나 가상의 내용을 제어할 수 있도록 도와줍니다. 이 두 가지 기능을 효과적으로 활용하면 더욱 세련되고 기능적인 웹 디자인을 구현할 수 있습니다.

CSS 함수 활용

CSS 함수는 동적 계산, 조건부 값 설정, 복잡한 디자인 표현 등을 간결하고 효율적으로 구현할 수 있도록 돕는 강력한 도구입니다. 이를 활용하면 디자인의 유연성과 반복 작업의 생산성을 크게 향상시킬 수 있습니다. CSS 함수는 색상, 길이, 비율, 조건 등을 처리하며 다양한 스타일링 요구를 충족시킵니다.

1. 자주 사용하는 CSS 함수

1.1. calc()

calc() 함수는 동적으로 길이와 크기를 계산할 수 있는 함수로, 여러 단위를 혼합하여 사용할 수 있습니다.

• 사용 예제:

```
.box{
    width: calc(100% - 50px); /* 부모의 100%에서 50px을 뺀 값 */
    height: calc(50vh + 20px); /* 뷰포트 높이의 50%에 20px 추가 */
}
```

- **장점**:
    - 고정 크기와 상대적 크기를 조합할 수 있음.
    - 반응형 디자인에서 유용.

1.2. clamp()

clamp() 함수는 최소, 이상적 값, 최댓값을 설정하여 동적인 속성을 정의합니다.

- **사용 예제**:

```
.text{
    font-size: clamp(1rem, 2.5vw, 2rem); /* 최소 1rem, 최대 2rem */
}
```

- **장점**:
    - 반응형 텍스트 크기 설정에 적합.
    - 복잡한 미디어 쿼리 없이 유연한 값 제공.

1.3. var()

var() 함수는 CSS 변수를 선언하고 참조하여 코드의 재사용성과 유지보수성을 높입니다.

- **사용 예제**:

```
:root {
    --main-color: #3498db;
    --padding-size: 10px;
}
.box{
    background-color: var(--main-color);
    padding: var(--padding-size);
}
```

- **장점**:
  - 전역 또는 지역 변수를 선언하여 일관된 스타일 유지.
  - 값 변경이 용이하여 대규모 프로젝트에 유용.

1.4. 색상 관련 함수

- **rgb() 및 rgba()**: 색상을 RGB 또는 RGBA 값으로 지정합니다.

```
background-color: rgba(52, 152, 219, 0.8); /* 파란색, 80% 투명 */
```

- **hsl() 및 hsla()**: 색상을 색상(Hue), 채도(Saturation), 밝기(Lightness)로 지정하며, 투명도를 추가할 수 있습니다.

```
color: hsla(210, 50%, 50%, 0.5); /* 파란색 계열, 50% 투명 */
```

1.5. min(), max()

min()과 max()는 여러 값 중 최솟값 또는 최댓값을 반환합니다.

• **사용 예제**:

```
.box{
    width: min(50vw, 400px); /* 뷰포트 너비의 50%와 400px 중 작은 값 */
    height: max(200px, 20vh); /* 200px과 뷰포트 높이의 20% 중 큰 값 */
}
```

• **장점**:
- 조건부 값 설정에 유용.
- 반응형 디자인에서 제한을 설정할 때 적합.

2. 종합 예제

```
<!DOCTYPE html>
<html lang="en">
<head>
  <meta charset="UTF-8">
  <meta name="viewport" content="width=device-width, initial-scale=1.0">
  <title>CSS 함수 활용</title>
  <style>
    :root {
      --main-color: #2ecc71;
```

```
            --secondary-color: #3498db;
            --spacing: 10px;
        }
        .container{
            width: calc(100%- 40px);
            padding: var(--spacing);
            background-color: var(--main-color);
            color: white;
            text-align: center;
        }
        .text{
            font-size: clamp(1rem, 5vw, 2rem);
            margin: min(20px, 5vh);
        }
        .button{
            padding: calc(var(--spacing) * 2);
            background-color: var(--secondary-color);
            color: white;
            border: none;
            border-radius: 5px;
            font-size: max(1rem, 1.2vw);
        }
        .button:hover {
            background-color: rgba(52, 152, 219, 0.8);
        }
    </style>
</head>
<body>
    <div class="container">
        <p class="text">CSS 함수로 유연한 스타일링</p>
        <button class="button">클릭하세요</button>
    </div>
</body>
</html>
```

CSS 함수는 정적 스타일링을 넘어, 동적이고 유연한 디자인을 구현할 수 있는 필수 도구입니다. calc()와 clamp()는 반응형 크기 조정에 유용하며, var()는 스타일의 일관성과 유지보수성을 높여 줍니다. 이러한 함수를 적절히 활용하면 CSS 코드를 더욱 효율적이고 강력하게 설계할 수 있습니다. CSS 함수로 웹 디자인의 가능성을 확장해 보세요!

애니메이션과 전환 효과

현대 웹 디자인은 단순히 정적인 콘텐츠를 넘어서, 사용자와의 상호작용을 통해 역동적이고 몰입감 있는 경험을 제공합니다. 애니메이션(Animation)과 전환 효과(Transition)는 이러한 경험을 구현하는 핵심 도구로, 콘텐츠에 생동감을 부여하고 사용자와의 상호작용을 더욱 자연스럽고 직관적으로 만들어 줍니다.

전환 효과는 요소의 상태가 변경될 때 부드러운 변화 과정을 제공하여 사용자 경험을 개선하며, 버튼, 링크, 이미지 등 다양한 요소에 간단히 적용할 수 있습니다. 한편, 애니메이션은 정교한 움직임과 시각적 효과를 구현할 수 있는 기능으로, 웹 페이지를 더욱 매력적이고 독창적으로 만들어 줍니다.

이 장에서는 CSS 전환 효과와 애니메이션의 기본 개념과 사용법을 살펴보고, 이를 활용하여 역동적인 디자인을 구현하는 방법을 배웁니다. 애니메이션과 전환 효과는 단순히 눈길을 끄는 요소가 아니라, 사용자 경험을 향상시키고, 콘텐츠의 흐름과 맥락을 전달하는 중요한 역할을 합니다. 이제 이 강력한 도구를 활용해 웹 디자인에 생명력을 불어넣어 보세요.

트랜스폼으로 요소 변형하기

CSS의 transform 속성은 웹 요소를 2차원 또는 3차원 공간에서 이동, 회전, 크기 조정, 기울이기 등의 변형을 할 수 있게 해 주는 강력한 도구입니다. 이 속성을 활용하면 단순한 웹 요소를 독창적으로 디자인하거나, 인터랙티브한 사용자 경험을 제공할 수 있습니다.

1. transform 속성의 주요 기능

1.1. 이동(translate)

요소를 X축과 Y축 방향으로 이동합니다.

- **문법**:

```
transform: translate(x, y);
```

- **예제**:

```
transform: translate(50px, 100px); /* X축으로 50px, Y축으로 100px 이동 */
transform: translateX(50px); /* X축만 이동 */
transform: translateY(100px); /* Y축만 이동 */
```

1.2. 크기 조정(scale)

요소의 크기를 확대하거나 축소합니다.

• **문법**:

```
transform: scale(x, y);
```

• **예제**:

```
transform: scale(1.5); /* 1.5배로 확대 */
transform: scaleX(2); /* X축으로 2배 확대 */
transform: scaleY(0.5); /* Y축으로 0.5배 축소 */
```

1.3. 회전(rotate)

요소를 중심축을 기준으로 회전합니다.

• **문법**:

```
transform: rotate(angle);
```

• **예제**:

```
transform: rotate(45deg); /* 시계 방향으로 45도 회전 */
transform: rotate(-90deg); /* 반시계 방향으로 90도 회전 */
```

1.4. 기울이기(skew)

요소를 X축 또는 Y축을 기준으로 기울입니다.

• 문법:

```
transform: skew(x-angle, y-angle);
```

• 예제:

```
transform: skew(20deg, 10deg); /* X축으로 20도, Y축으로 10도 기울임 */
transform: skewX(15deg); /* X축만 기울임 */
transform: skewY(-15deg); /* Y축만 기울임 */
```

1.5. 3D 변형(translate3d, scale3d, rotate3d)

3D 공간에서 변형을 구현합니다.

• 예제:

```
transform: translate3d(50px, 100px, 30px); /* X, Y, Z축으로 이동 */
transform: rotate3d(1, 1, 0, 45deg); /* X, Y, Z축 기준으로 회전 */
```

2. 여러 변형 결합

transform 속성을 사용해 여러 변형을 결합할 수 있습니다.

- 예제:

```
transform: translate(50px, 50px) scale(1.5) rotate(45deg);
```

3. 변형 중심점(transform-origin)

transform-origin 속성은 변형의 기준점을 설정합니다.

- **기본값**: 50% 50%(요소의 중심).
- 예제:

```
transform-origin: top left; /* 왼쪽 위를 기준점으로 설정 */
transform-origin: 100px 50px; /* X축 100px, Y축 50px 지점 */
```

4. 변형 예제

```html
<!DOCTYPE html>
<html lang="en">
<head>
  <meta charset="UTF-8">
  <meta name="viewport" content="width=device-width, initial-scale=1.0">
  <title>CSS 트랜스폼</title>
  <style>
    body{
        font-family: Arial, sans-serif;
        text-align: center;
        padding: 50px;
    }
    .box{
        width: 100px;
        height: 100px;
        margin: 20px auto;
        background-color: #3498db;
        color: white;
        display: flex;
        justify-content: center;
        align-items: center;
        transition: transform 0.3s ease;
    }
    .translate:hover {
        transform: translate(50px, 50px);
    }
    .scale:hover {
        transform: scale(1.5);
    }
```

```
        .rotate:hover {
            transform: rotate(45deg);
        }
        .skew:hover {
            transform: skew(20deg, 10deg);
        }
        .combined:hover {
            transform: translate(30px, 30px) scale(1.2) rotate(30deg);
        }
    </style>
</head>
<body>
    <div class="box translate">Translate</div>
    <div class="box scale">Scale</div>
    <div class="box rotate">Rotate</div>
    <div class="box skew">Skew</div>
    <div class="box combined">Combined</div>
</body>
</html>
```

5. 활용 팁

1) **트랜지션과 결합**: transition 속성과 함께 사용하면 부드러운 변형 효과를 구현할 수 있습니다.

```
.box{
   transition: transform 0.5s ease;
}
```

2) **인터랙티브한 디자인**: 사용자의 동작(예: 클릭, 호버)에 반응하도록 설정하여 웹 페이지의 몰입감을 높입니다.
3) **3D 애니메이션**: perspective 속성과 결합하면 입체적인 효과를 구현할 수 있습니다.

transform 속성은 요소를 이동, 크기 조정, 회전, 기울이기 등을 통해 창의적으로 변형할 수 있는 CSS의 강력한 도구입니다. 이 속성을 적절히 활용하면 정적인 웹 페이지를 역동적이고 매력적인 디자인으로 탈바꿈할 수 있습니다. 변형 효과를 연습하여 독창적인 웹 경험을 만들어 보세요!

트랜지션으로
부드러운 전환 효과 만들기

CSS의 **트랜지션(Transition)** 속성은 요소의 상태가 변경될 때, 변화 과정을 부드럽게 만들어 주는 강력한 도구입니다. 버튼, 링크, 이미지 등 다양한 요소에 트랜지션을 적용하면 단순한 스타일 변화가 사용자에게 시각적으로 더 매력적이고 자연스럽게 느껴지도록 도와줍니다.

1. 트랜지션의 기본 문법

트랜지션은 요소가 한 상태에서 다른 상태로 변경될 때, 스타일 속성의 값이 일정 시간 동안 부드럽게 변화하도록 설정합니다.

```
transition: property duration timing-function delay;
```

매개변수

1) **property**: 트랜지션을 적용할 속성(예: color, background-color, transform).
   - all: 모든 속성에 트랜지션을 적용.
2) **duration**: 변화가 완료되는 데 걸리는 시간(예: 1s, 500ms).

3) **timing-function**: 변화의 속도 곡선(예: ease, linear, ease-in, ease-out).

4) **delay**: 트랜지션 시작 전 지연 시간(예: 0s, 200ms).

2. 기본 예제

```
.box{
    background-color: blue;
    width: 100px;
    height: 100px;
    transition: background-color 0.5s ease, transform 0.3s ease;
}
.box:hover {
    background-color: red;
    transform: scale(1.2);
}
```

3. 트랜지션 속성 상세 설명

3.1. property

- 트랜지션을 적용할 속성을 지정합니다.

```
transition: background-color 0.5s ease;
```

- 모든 속성에 적용하려면 all 사용:

```
transition: all 0.3s ease;
```

3.2. duration

- **트랜지션의 지속 시간 설정**:

```
transition: all 1s ease;
```

3.3. timing-function

- 변화 속도를 정의하는 곡선을 설정합니다.

값	설명
linear	일정한 속도로 변화.
ease	느리게 시작하여 빠르게 진행 후 느리게 끝남.
ease-in	느리게 시작.
ease-out	느리게 끝남.
ease-in-out	느리게 시작하고 느리게 끝남.
cubic-bezier	사용자 정의 속도 곡선 설정.

```
transition: all 0.5s cubic-bezier(0.68, -0.55, 0.27, 1.55);
```

3.4. delay

- 트랜지션 시작 전 지연 시간을 설정:

```
transition: background-color 0.5s ease 0.2s;
```

4. 종합 예제

```
<!DOCTYPE html>
<html lang="en">
<head>
    <meta charset="UTF-8">
    <meta name="viewport" content="width=device-width, initial-scale=1.0">
    <title>트랜지션 효과</title>
    <style>
        body{
            font-family: Arial, sans-serif;
            text-align: center;
            padding: 50px;
        }
        .box{
            width: 100px;
            height: 100px;
            background-color: blue;
            margin: 20px auto;
            border-radius: 10px;
            transition: background-color 0.5s ease, transform 0.3s ease;
```

```
      }
      .box:hover {
          background-color: red;
          transform: rotate(45deg) scale(1.2);
      }
      .button{
          padding: 10px 20px;
          background-color: #3498db;
          color: white;
          border: none;
          border-radius: 5px;
          cursor: pointer;
          transition: background-color 0.3s ease, transform 0.2s ease;
      }
      .button:hover {
          background-color: #2980b9;
          transform: translateY(-5px);
      }
   </style>
</head>
<body>
   <h1>CSS 트랜지션 효과</h1>
   <div class="box"></div>
   <button class="button">호버하세요</button>
</body>
</html>
```

5. 활용 팁

1) **트랜지션과 인터랙션**: 버튼, 링크, 이미지 등에 트랜지션을 적용하여 자연스러운 인터랙션을 구현하세요.
2) **속성과 조합**: transform, opacity, color 등 시각적 효과가 뚜렷한 속성과 결합하면 효과적입니다.
3) **반응형 디자인**: 미디어 쿼리와 함께 사용하여 화면 크기와 상관없이 부드러운 전환을 유지하세요.

트랜지션은 사용자 경험을 향상시키는 CSS의 필수 도구로, 간단한 설정만으로 부드럽고 자연스러운 상태 변화를 구현할 수 있습니다. 이를 활용해 웹 페이지의 디자인과 인터랙션을 한 단계 끌어올려 보세요!

애니메이션 활용

CSS 애니메이션은 웹 요소를 움직이거나 변형하여 동적인 사용자 경험을 제공하는 강력한 도구입니다. 애니메이션을 활용하면 웹 페이지에 생동감을 더하고, 복잡한 효과를 구현하여 사용자와의 상호작용을 더욱 풍부하게 만들 수 있습니다. CSS 애니메이션은 @keyframes 규칙과 함께 animation 속성을 사용해 다양한 움직임을 간단히 정의할 수 있습니다.

1. CSS 애니메이션의 기본 구조

CSS 애니메이션은 다음 두 가지 구성 요소로 이루어집니다:

1) @keyframes 규칙: 애니메이션의 단계와 동작을 정의합니다.

```
@keyframes animation-name {
    0%{ transform: translateX(0); }
    100%{ transform: translateX(100px); }
}
```

2) **animation 속성**: 애니메이션을 적용하고 제어합니다.

```
.element{
   animation: animation-name 2s ease-in-out infinite;
}
```

2. animation 속성의 상세 설명

animation 속성은 다음과 같은 하위 속성으로 구성됩니다.

하위 속성	설명
animation-name	애니메이션의 이름 (@keyframes 에서 정의).
animation-duration	애니메이션이 완료되는 데 걸리는 시간 (s 또는 ms).
animation-timing-function	속도 곡선 (예: ease, linear, ease-in, ease-out).
animation-delay	애니메이션 시작 전 대기 시간(s 또는 ms).
animation-iteration-count	애니메이션 반복 횟수 (number 또는 infinite로 무한 반복).
animation-direction	애니메이션 방향(normal, reverse, alternate, alternate-reverse).
animation-fill-mode	애니메이션이 끝난 후 상태 (none, forwards, backwards, both).

- **단축 속성 문법**: 모든 속성을 한 줄로 작성할 수 있습니다.

```
animation: animation-name 2s ease-in-out 1s infinite alternate;
```

3. 애니메이션 예제

3.1. 기본 예제: 이동 애니메이션

```
@keyframes move {
   0%{ transform: translateX(0); }
   100%{ transform: translateX(200px); }
}
.box{
   width: 100px;
   height: 100px;
   background-color: blue;
   animation: move 2s ease-in-out infinite;
}
```

3.2. 복합 단계 애니메이션

```css
@keyframes bounce {
   0%, 100%{ transform: translateY(0); }
   50%{ transform: translateY(-50px); }
}
.circle{
   width: 50px;
   height: 50px;
   background-color: red;
   border-radius: 50%;
   animation: bounce 1s ease-in-out infinite;
}
```

3.3. 애니메이션 시작 지연

```css
@keyframes fade {
   0%{ opacity: 0; }
   100%{ opacity: 1; }
}
.text{
   font-size: 20px;
   animation: fade 3s linear 2s forwards;
}
```

3.4. 반응형 애니메이션

```css
@keyframes scale {
   0%{ transform: scale(1); }
   100%{ transform: scale(1.5); }
}
.button{
   padding: 10px 20px;
   background-color: green;
   color: white;
   animation: scale 0.5s ease-in-out infinite alternate;
}
```

4. 종합 예제

```html
<!DOCTYPE html>
<html lang="en">
<head>
   <meta charset="UTF-8">
   <meta name="viewport" content="width=device-width, initial-scale=1.0">
   <title>CSS 애니메이션</title>
   <style>
      body{
         font-family: Arial, sans-serif;
         text-align: center;
         padding: 50px;
      }
```

```
        .box{
            width: 100px;
            height: 100px;
            background-color: blue;
            margin: 20px auto;
            animation: move 2s ease-in-out infinite;
        }
        .circle{
            width: 50px;
            height: 50px;
            background-color: red;
            border-radius: 50%;
            animation: bounce 1s ease-in-out infinite;
        }
        .text{
            font-size: 24px;
            animation: fade 3s linear 1s forwards;
        }
        @keyframes move {
            0%{ transform: translateX(0); }
            100%{ transform: translateX(200px); }
        }
        @keyframes bounce {
            0%, 100%{ transform: translateY(0); }
            50%{ transform: translateY(-50px); }
        }
        @keyframes fade {
            0%{ opacity: 0; }
            100%{ opacity: 1; }
        }
    </style>
</head>
<body>
```

```
<h1>CSS 애니메이션 예제</h1>
<div class="box"></div>
<div class="circle"></div>
<p class="text">애니메이션 효과</p>
</body>
</html>
```

5. 활용 팁

1) 복잡한 효과 구현
- 여러 애니메이션을 결합하여 역동적인 효과를 만들 수 있습니다.
- 예: transform, opacity, background-color 등을 조합.

2) 반응형 디자인과 결합
- 미디어 쿼리와 함께 사용하여 디바이스에 따라 애니메이션을 조정할 수 있습니다.

3) animation-fill-mode 사용
- 애니메이션 종료 후 상태를 유지하려면 forwards를 설정합니다.

CSS 애니메이션은 웹 요소를 동적으로 표현하여 페이지에 생동감을 더하고, 사용자 경험을 한층 높이는 데 필수적인 도구입니다. 이를 활용하면 정적인 콘텐츠를 역동적이고 매력적인 인터페이스로 변환할 수 있습니다. 기본 개념과 다양한 속성을 익혀, 창의적인 웹 디자인을 구현해 보세요!

JavaScript는 웹 개발에서 가장 중요한 프로그래밍 언어 중 하나로, 정적인 웹 페이지에 생동감과 상호작용을 더하는 역할을 합니다. HTML이 콘텐츠의 구조를 정의하고 CSS가 스타일을 적용하는 데 초점이 맞춰져 있다면, JavaScript는 웹 페이지를 동적으로 동작하게 만들어 사용자가 클릭하거나 데이터를 입력했을 때 실시간으로 반응할 수 있도록 합니다.

오늘날 JavaScript는 브라우저에서 실행되는 스크립트 언어를 넘어 서버 개발, 모바일 앱, 게임 개발, 인공지능 등 다양한 분야에서 활용되고 있습니다. 이처럼 JavaScript는 현대 개발 환경에서 필수적인 언어로 자리 잡았으며, 배우기 쉽고 유연한 문법 덕분에 초보 개발자부터 전문가까지 폭넓게 사용됩니다.

이 장에서는 JavaScript의 기본 개념과 문법을 익히고, 이를 활용하여 웹 페이지에 동적인 기능을 추가하는 방법을 배웁니다. 변수를 선언하고, 조건문과 반복문을 활용하며, 기본적인 함수와 이벤트 처리를 이해하는 것이 이 여정의 시작입니다. JavaScript를 배우면서 웹의 무한한 가능성을 열어 가는 첫걸음을 함께 시작해 보세요.

6부
JavaScript

JavaScript의 기본 개념

JavaScript는 웹 페이지를 동적으로 만들어 주는 프로그래밍 언어로, 사용자의 상호작용에 실시간으로 반응하며, 다양한 기능을 구현할 수 있게 해 줍니다. 웹 페이지에서 버튼을 클릭했을 때 알림창이 뜨거나, 검색창에 입력한 내용에 따라 추천 목록이 실시간으로 업데이트되는 등, 이러한 모든 기능은 JavaScript로 구현됩니다.

JavaScript는 다른 프로그래밍 언어들과 마찬가지로 데이터를 처리하고, 조건에 따라 다른 동작을 수행하며, 반복적인 작업을 자동화하는 기본 개념을 가지고 있습니다. 변수와 데이터 타입은 데이터를 저장하고 조작하는 데 사용되며, 조건문과 반복문은 코드의 흐름을 제어합니다. 이러한 기본 개념은 웹 페이지에 다양한 동작을 구현하기 위한 토대가 됩니다.

이 장에서는 JavaScript의 기본 개념을 다루며, 웹 개발에서 꼭 필요한 프로그래밍 기초를 익히게 됩니다. 간단한 변수 선언부터 조건문, 반복문, 그리고 함수의 활용까지, JavaScript의 핵심 요소를 이해하고 실습하면서 동적인 웹 페이지 제작의 기초를 탄탄히 다져 봅시다. JavaScript의 세계로 한 발 더 나아가는 여정을 함께 시작하세요.

JavaScript의 역할과 기능

JavaScript는 웹 개발에서 없어서는 안 될 필수 도구로, 웹 페이지를 정적에서 동적으로 바꿔 주는 역할을 합니다. HTML이 콘텐츠의 구조를 정의하고, CSS가 스타일을 적용한다면, JavaScript는 이 두 가지를 제어하며 사용자의 상호작용에 실시간으로 반응하게 만듭니다.

1. JavaScript의 주요 역할

1) 동적인 콘텐츠 제어
- HTML과 CSS만으로는 불가능한 실시간 콘텐츠 변경과 사용자 인터랙션을 처리합니다.
- **예**: 사용자가 버튼을 클릭했을 때 텍스트 변경, 이미지를 바꾸는 동작 구현.

2) 사용자 입력 처리
- 입력된 데이터를 검증하거나, 입력값에 따라 다른 동작을 수행합니다.
- **예**: 폼 데이터 검증, 검색창 자동 완성 기능.

3) 브라우저와의 상호작용
- 웹 브라우저에서 제공하는 API와 상호작용하며 웹 페이지를 제어합니다.
- **예**: 웹 페이지에서 알림창 띄우기, 쿠키 관리, 웹 스토리지 활용.

4) 서버와의 통신
- 서버와 데이터를 주고받아 실시간으로 콘텐츠를 업데이트합니다.
- **예**: AJAX를 이용한 데이터 불러오기, REST API 호출.

5) 다양한 기기와 플랫폼 지원
- 모바일, 데스크톱, IoT 기기 등 다양한 환경에서 동작하며, Node.js와 같은 플랫폼을 통해 서버 개발에도 활용됩니다.

2. JavaScript의 주요 기능

1) 문서 객체 모델(DOM) 조작
- 웹 페이지의 구조와 콘텐츠를 실시간으로 변경합니다.

```
document.getElementById("heading").innerText = "Hello, JavaScript!" ;
```

2) 이벤트 처리
- 클릭, 입력, 마우스 이동 등 사용자의 행동에 반응하는 기능을 구현합니다.

```
document.querySelector("button").addEventListener("click", () => {
    alert("버튼이 클릭되었습니다!");
});
```

3) 조건문과 반복문

- 코드의 흐름을 제어하며 다양한 상황에서 동작을 결정합니다.

```
const score = 85;
if(score >= 80) {
   console.log("합격입니다.");
} else{
   console.log("불합격입니다.");
}
```

4) 비동기 작업 처리

- 서버에서 데이터를 가져오거나 시간이 걸리는 작업을 효율적으로 처리합니다.

```
fetch("https://api.example.com/data")
   .then(response => response.json())
   .then(data => console.log(data));
```

5) 객체와 배열 활용

- 데이터를 저장하고 관리하며, 다양한 데이터 구조를 지원합니다.

```
const user = { name: "Alice" , age: 25};
console.log(user.name); // Alice
```

6) 모듈화

- JavaScript 코드를 나누어 관리하고 재사용성을 높입니다.

```
import{ add } from './math.js';
console.log(add(2, 3)); // 5
```

3. JavaScript의 강점

- **유연성과 범용성**: 다양한 플랫폼에서 동작하며, 클라이언트와 서버 모두에서 사용할 수 있습니다.
- **풍부한 라이브러리와 프레임워크**: React, Vue.js, Angular와 같은 프레임워크를 통해 대규모 프로젝트도 효율적으로 개발할 수 있습니다.
- **실시간 상호작용**: 브라우저와 서버 간의 실시간 데이터 통신으로 사용자 경험을 향상시킵니다.

4. JavaScript의 활용 예시

1) 실시간 데이터 업데이트

- 뉴스 피드, 댓글 시스템, 주식 시세 등 데이터를 실시간으로 업데이트합니다.

2) 애니메이션과 인터랙션

- CSS와 결합하여 웹 페이지에 생동감을 더합니다.

```
const box = document.querySelector(".box");
box.style.transition = "transform 0.5s";
box.addEventListener("mouseover" , () => {
   box.style.transform = "scale(1.2)";
});
```

3) 사용자 맞춤화

- 사용자 데이터를 저장하여 맞춤형 콘텐츠를 제공합니다.

4) 게임 개발

- 브라우저에서 실행 가능한 간단한 게임을 개발할 수 있습니다.

JavaScript는 단순히 정적인 콘텐츠를 동적으로 만드는 것을 넘어, 웹 애플리케이션의 복잡한 기능을 구현하는 데 없어서는 안 될 도구입니다. 이를 통해 웹 페이지는 사용자와의 상호작용을 극대화하고, 보다 직관적이고 유용한 서비스를 제공할 수 있습니다. JavaScript의 다양한 역할과 기능을 익히며, 창의적이고 역동적인 웹 경험을 만들어 보세요.

JavaScript 문법의 기본 요소

JavaScript는 웹 개발을 위한 강력하고 유연한 언어로, 이해하기 쉬운 문법과 직관적인 구조를 제공합니다. JavaScript의 기본 문법을 익히면 변수를 선언하고 데이터를 처리하며, 조건에 따라 동작을 제어하는 등 웹 페이지에 동적인 기능을 추가할 수 있습니다. 이를 통해 JavaScript의 기초를 탄탄히 다지며 더 복잡한 개발 작업에 대비할 수 있습니다.

1. 변수와 상수

1.1. 변수 선언

JavaScript에서는 데이터를 저장하고 재사용하기 위해 변수를 사용합니다. let과 const는 현대 JavaScript에서 가장 많이 사용되는 변수 선언 방식입니다.

- **let**: 변경 가능한 값을 저장.

```
let score = 90;
score = 95; // 값 변경 가능
```

- **const**: 변경할 수 없는 값을 저장(상수).

```
const PI = 3.14;
// PI = 3.15; // 오류 발생
```

1.2. 데이터 타입

JavaScript는 다양한 데이터 타입을 제공합니다.

- **기본 타입**: number, string, boolean, null, undefined, symbol.
- **참조 타입**: object, array, function.

```
let number = 42; // 숫자
let text = "Hello, World!" ; // 문자열
let isTrue = true; // 불리언
let list = [1, 2, 3]; // 배열
let person = { name: " Alice" , age: 25}; // 객체
```

2. 연산자

2.1. 산술 연산자

숫자를 계산하는 데 사용됩니다.

```
let a = 10;
let b = 3;
console.log(a + b); // 덧셈: 13
console.log(a - b); // 뺄셈: 7
console.log(a * b); // 곱셈: 30
console.log(a / b); // 나눗셈: 3.333...
console.log(a % b); // 나머지: 1
```

2.2. 비교 연산자

값을 비교하여 불리언 값을 반환합니다.

```
console.log(5 > 3); // true
console.log(5 === "5"); // false (엄격한 비교)
console.log(5 == "5"); // true (느슨한 비교)
```

2.3. 논리 연산자

여러 조건을 결합하거나 논리값을 반환합니다.

```
console.log(true && false); // 논리 AND: false
console.log(true || false); // 논리 OR: true
console.log(!true); // 논리 NOT: false
```

3. 조건문

조건에 따라 코드 실행 흐름을 제어합니다.

```
let score = 85;
if(score >= 90) {
    console.log("A 학점");
} else if(score >= 80) {
    console.log("B 학점");
} else{
    console.log("C 학점");
}
```

4. 반복문

4.1. for 반복문

주어진 조건에 따라 반복 실행합니다.

```
for(let i = 0; i < 5; i++) {
    console.log(`반복 횟수: ${i}`);
}
```

4.2. while 반복문

조건이 참인 동안 실행합니다.

```
let count = 0;
while(count < 3) {
    console.log(`카운트: ${count}`);
    count++;
}
```

4.3. for...of 반복문

배열 또는 반복 가능한 객체를 순회합니다.

```
let numbers = [10, 20, 30];
for(let num of numbers) {
    console.log(num);
}
```

5. 함수

함수는 특정 작업을 수행하는 코드 블록입니다.

5.1. 함수 선언

```
function add(a, b) {
    return a + b;
}
console.log(add(2, 3)); // 5
```

5.2. 화살표 함수

간결한 함수 표현 방식입니다.

```
const multiply = (a, b) => a * b;
console.log(multiply(4, 5)); // 20
```

6. 이벤트 처리

JavaScript는 사용자 입력에 반응하는 이벤트를 처리할 수 있습니다.

```
document.querySelector("button").addEventListener("click" , () => {
    alert("버튼이 클릭되었습니다!");
});
```

7. 객체와 배열

7.1. 객체

키-값 쌍으로 데이터를 저장합니다.

```javascript
const person = {
  name: "Alice",
  age: 25,
  greet: function() {
     console.log(`안녕하세요, ${this.name}입니다.`);
  }
};
person.greet(); // 안녕하세요, Alice입니다.
```

7.2. 배열

데이터의 리스트를 저장합니다.

```javascript
const fruits = ["apple", "banana", "cherry"];
console.log(fruits[1]); // banana
fruits.push("grape"); // 배열에 추가
console.log(fruits); // ["apple", "banana", "cherry", "grape"]
```

8. 종합 예제

```javascript
// 변수와 함수 사용
const greetUser = (name) => `안녕하세요, ${name}님!`;
console.log(greetUser("김철수"));
// 조건문과 반복문
let scores = [90, 80, 70, 60];
for(let score of scores) {
    if(score >= 80) {
        console.log(`${score}점: 합격`);
    } else{
        console.log(`${score}점: 불합격`);
    }
}
// 이벤트 처리
document.querySelector("button").addEventListener("click", () => {
    console.log("버튼 클릭 이벤트 발생!");
});
```

JavaScript의 기본 문법은 웹 개발의 핵심을 이해하는 첫걸음입니다. 변수와 연산자, 조건문, 반복문 등 기초적인 요소를 이해하고 활용하면 웹 페이지에 동적인 기능을 추가할 수 있습니다. 이러한 기본기를 탄탄히 다지며 더 복잡한 프로그램으로 나아가 보세요!

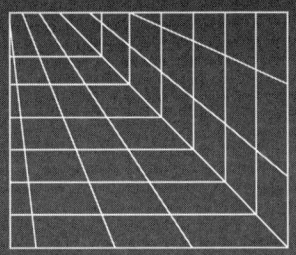

문서 객체 모델(Document Object Model, DOM)은 웹 페이지의 구조를 표현하는 프로그래밍 인터페이스로, HTML과 JavaScript를 연결하는 다리 역할을 합니다. DOM은 웹 페이지의 모든 요소를 객체로 변환하여 JavaScript로 접근하고 수정할 수 있도록 하며, 이를 통해 웹 페이지를 동적으로 제어할 수 있게 합니다.

DOM은 웹 페이지를 계층 구조의 트리 형태로 표현합니다. 각 HTML 요소는 트리의 노드로 표현되며, JavaScript를 사용하여 노드를 선택하고, 속성을 변경하거나, 새로운 요소를 추가하거나 삭제할 수 있습니다. 이러한 기능은 정적인 웹 페이지를 사용자와 상호작용할 수 있는 동적인 웹 애플리케이션으로 발전시키는 데 필수적입니다.

이 장에서는 DOM의 기본 개념과 구조를 이해하고, JavaScript를 사용하여 DOM 요소를 선택하고 조작하는 방법을 배웁니다. DOM 조작은 웹 페이지를 동적으로 변화시키는 핵심 기술로, 사용자 경험을 극대화하고, 실시간 데이터 업데이트, 애니메이션 효과 등 다양한 기능을 구현할 수 있습니다. DOM의 세계를 탐구하며, 웹 개발의 새로운 가능성을 발견해 보세요.

7부
문서 객체 모델 (DOM)

JavaScript 객체 이해하기

JavaScript에서 객체(Object)는 데이터를 조직화하고 다룰 수 있는 가장 기본적이면서도 강력한 구조입니다. 객체는 키-값 쌍의 집합으로, 복잡한 데이터를 하나로 묶어 효율적으로 관리할 수 있습니다. 또한, 데이터를 단순히 저장하는 것을 넘어, 동작(메서드)까지 포함하여 데이터와 행동을 결합한 강력한 기능을 제공합니다.

객체는 JavaScript의 거의 모든 것에 기반이 되는 핵심 개념으로, 변수, 배열, 함수조차도 객체로 동작할 수 있습니다. 이러한 특징 덕분에 객체는 웹 개발에서 사용자 데이터 관리, API 응답 처리, UI 구성 등 다양한 작업에서 중요한 역할을 합니다.

이 장에서는 객체의 기본 개념과 생성 방법, 그리고 객체 내부의 데이터를 다루는 다양한 방법을 살펴봅니다. JavaScript 객체의 구조와 활용법을 이해하면, 복잡한 데이터 구조를 보다 간결하고 논리적으로 설계할 수 있습니다. 객체를 통해 JavaScript의 세계를 깊이 이해하고, 웹 애플리케이션 개발의 토대를 다져 봅시다.

객체의 개념과 구조

JavaScript에서 객체(Object)는 데이터를 키-값(key-value) 쌍의 형태로 저장하며, 속성(property)과 메서드(method)를 포함하는 데이터 구조입니다. 객체는 단순히 데이터를 저장하는 배열이나 변수와 달리, 데이터와 동작을 하나의 단위로 결합하여 효율적으로 관리할 수 있는 유연한 구조를 제공합니다.

1. 객체의 개념

1) 속성(Property)
- 객체 내부에 정의된 데이터의 이름과 값의 쌍.
- 이름은 **키(Key)**, 값은 값(Value)으로 구성됩니다.

```
const user = {
   name: 'Alice',
   age: 25
};
console.log(user.name); // 'Alice'
```

2) 메서드(Method)

- 객체 내부에 정의된 함수로, 동작(행동)을 나타냅니다.

```
const user = {
   name: 'Alice',
   greet: function() {
      console.log(`Hello, ${this.name}`);
   }
};
user.greet(); // 'Hello, Alice'
```

2. 객체의 구조

JavaScript 객체는 중괄호 {}로 감싸인 키-값 쌍의 모음입니다.

2.1. 키-값 쌍의 구조
- **키**: 문자열 또는 심볼(Symbol)로 표현.
- **값**: 문자열, 숫자, 배열, 객체, 함수 등 다양한 데이터 유형.

```
const car = {
   brand: 'Toyota', // 문자열 값
   year: 2021,      // 숫자 값
   features: ['AC', 'GPS'], // 배열 값
   owner: {         // 객체 값
      name: 'John',
      age: 30
   },
   start: function() { // 메서드
      console.log('Car is starting');
   }
};
```

2.2. 접근 방법

- **점 표기법(Dot Notation):**

```
console.log(car.brand); // 'Toyota'
```

- **대괄호 표기법(Bracket Notation):**

```
console.log(car['year']); // 2021
```

2.3. 값 변경 및 추가

- 값을 변경하거나 새로운 속성을 추가할 수 있습니다.

```
car.year = 2022; // 값 변경
car.color = 'red'; // 새로운 속성 추가
console.log(car.color); // 'red'
```

2.4. 속성 삭제

- delete 키워드로 속성을 삭제할 수 있습니다.

```
delete car.owner;
console.log(car.owner); // undefined
```

3. 객체 생성 방법

3.1. 객체 리터럴

- 가장 간단하고 흔히 사용하는 방식.

```
const person = { name: 'Alice', age: 25};
```

3.2. new Object()

• Object 생성자를 사용한 방식.

```
const person = newObject();
person.name = 'Alice';
person.age = 25;
```

3.3. 객체 생성 함수

• 사용자 정의 함수를 통해 객체를 생성.

```
function createPerson(name, age) {
   return{
      name: name,
      age: age,
      greet: function() {
         console.log(`Hello, ${this.name}`);
      }
   };
}
const person = createPerson('Alice', 25);
```

3.4. 클래스

- ES6 문법에서 객체를 생성하기 위한 클래스.

```
classPerson {
   const ructor(name, age) {
      this.name = name;
      this.age = age;
   }
   greet() {
      console.log(`Hello, ${this.name}`);
   }
}
const person = newPerson('Alice', 25);
person.greet(); // 'Hello, Alice'
```

4. 객체의 중첩 구조

객체는 중첩된 구조를 가질 수 있으며, 객체 내부에 객체를 포함할 수 있습니다.

```javascript
const company = {
   name: 'TechCorp',
   employees: [
      { name: 'Alice', role: 'Developer'},
      { name: 'Bob', role: 'Designer'}
   ],
   location: {
      city: 'New York',
      country: 'USA'
   }
};
console.log(company.location.city); // 'New York'
console.log(company.employees[0].name); // 'Alice'
```

5. 종합 예제

```javascript
const library = {
  name: 'Central Library',
  books: [
    { title: 'JavaScript Basics', author: 'John Doe'},
    { title: 'CSS Mastery', author: 'Jane Smith'}
  ],
  addBook: function(title, author) {
    this.books.push({ title, author });
  },
  listBooks: function() {
    console.log('Books in Library:');
    this.books.forEach(book => {
      console.log(`${book.title}by ${book.author}`);
    });
  }
};
library.listBooks(); // 책 목록 출력
library.addBook('HTML Guide', 'Alice Brown');
library.listBooks(); // 새 책 포함된 목록 출력
```

JavaScript 객체는 데이터를 체계적으로 관리하고, 데이터와 동작을 결합하여 재사용 가능한 구조를 제공합니다. 객체의 개념과 구조를 이해하면, 복잡한 데이터를 효율적으로 다루고 유지보수 가능한 코드를 작성할 수 있습니다. 객체를 통해 데이터를 논리적으로 구성하고, 더욱 강력한 기능을 구현해 보세요!

JavaScript의 내장 객체와 브라우저 객체 모델(BOM)

JavaScript는 웹 개발을 위해 풍부한 내장 객체와 브라우저 객체 모델(BOM, Browser Object Model)을 제공합니다. 내장 객체는 JavaScript 언어 자체에서 제공하는 기본적인 객체들이며, BOM은 브라우저와 상호작용할 수 있도록 제공되는 객체들의 집합입니다. 이 두 가지는 JavaScript로 데이터를 처리하고, 브라우저 환경에서 동적인 웹 애플리케이션을 구축하는 데 핵심적인 역할을 합니다.

1. 내장 객체(Built-in Objects)

JavaScript는 기본적으로 제공하는 객체들을 통해 데이터 처리와 다양한 기능 구현을 지원합니다.

1.1. 주요 내장 객체

1) Object
- 모든 객체의 부모 객체로, JavaScript 객체의 기본 구조와 메서드를 제공합니다.

- 예:

```
const obj = {key: 'value'};
console.log(Object.keys(obj)); // ['key']
```

2) Array

- 데이터를 순서대로 저장하고, 배열 관련 메서드를 제공합니다.
- 예:

```
const arr = [1, 2, 3];
arr.push(4); // [1, 2, 3, 4]
console.log(arr.length); // 4
```

3) String

- 문자열 데이터를 처리하는 메서드와 속성을 제공합니다.
- 예:

```
const str = 'Hello, World!';
console.log(str.toUpperCase()); // 'HELLO, WORLD!'
console.log(str.includes('World')); // true
```

4) Number

- 숫자 데이터를 처리하는 객체.
- 예:

```
const num = 123.456;
console.log(num.toFixed(2)); // '123.46'
```

5) Math

- 수학적 계산을 위한 메서드를 제공합니다.
- 예:

```
console.log(Math.max(10, 20, 30)); // 30
console.log(Math.random()); // 0~1 사이의 난수
```

6) Date

- 날짜와 시간을 다루기 위한 객체.
- 예:

```
const now = newDate();
console.log(now.getFullYear()); // 현재 연도
console.log(now.toLocaleDateString()); // 로컬 형식의 날짜
```

7) JSON

- 객체를 JSON 형식으로 변환하거나 JSON 데이터를 객체로 변환합니다.
- 예:

```
const obj = {name: 'Alice', age: 25};
const jsonString = JSON.stringify(obj);
console.log(jsonString); // '{"name": "Alice", "age":25}'
console.log(JSON.parse(jsonString)); // {name: 'Alice', age: 25}
```

8) RegExp

- 정규 표현식을 처리하기 위한 객체.
- 예:

```
const regex = /hello/i;
console.log(regex.test('Hello, World!')); // true
```

2. 브라우저 객체 모델
(Browser Object Model, BOM)

BOM은 브라우저와 상호작용하기 위한 객체 집합으로, 브라우저 환경에서 JavaScript가 웹 페이지를 제어할 수 있도록 도와줍니다.

2.1. 주요 BOM 객체

1) window

- 브라우저 창 전체를 나타내는 객체로, 모든 BOM 객체의 최상위 객체입니다.
- 예:

```
console.log(window.innerWidth); // 브라우저 창의 가로 크기
window.alert('Hello!'); // 경고창 표시
```

2) document

- 웹 페이지의 DOM(Document Object Model)을 나타내며, HTML 요소를 조작할 수 있습니다.
- 예:

```
document.body.style.backgroundColor = 'lightblue'; // 배경색 변경
console.log(document.title); // 페이지 제목
```

3) navigator

- 브라우저 및 사용자 에이전트에 대한 정보를 제공합니다.
- 예:

```
console.log(navigator.userAgent); // 사용자 에이전트 정보
console.log(navigator.language); // 브라우저 언어
```

4) location

- 현재 페이지 URL 정보를 제공합니다.
- **예**:

```
console.log(location.href); // 현재 URL
location.reload(); // 페이지 새로고침
```

5) history

- 브라우저의 방문 기록을 관리합니다.
- **예**:

```
history.back(); // 이전 페이지로 이동
history.forward(); // 다음 페이지로 이동
```

6) screen

- 디스플레이 화면의 정보를 제공합니다.
- **예**:

```
console.log(screen.width); // 화면 너비
console.log(screen.height); // 화면 높이
```

3. 내장 객체와 BOM의 차이점

JavaScript의 내장 객체는 언어 자체에서 제공하는 객체로, 데이터 처리와 유틸리티 기능을 담당하며 브라우저 환경과 상관없이 사용됩니다. 반면, 브라우저 객체 모델(BOM)은 브라우저에서 제공하는 객체로, 웹 페이지의 URL, 브라우저 창, 사용자 에이전트와 같은 브라우저와의 상호작용을 가능하게 합니다.

4. 종합 예제

```
// 내장 객체 활용
const today = newDate();
console.log(`오늘 날짜: ${today.toLocaleDateString()}`); // 오늘 날짜 출력
const numbers = [10, 20, 30];
const maxNumber = Math.max(...numbers);
console.log(`가장 큰 숫자: ${maxNumber}`); // 30
// BOM 활용
console.log(`현재 페이지 URL: ${location.href}`); // 현재 URL 출력
console.log(`브라우저 언어: ${navigator.language}`); // 브라우저 언어 출력
// DOM 조작과 BOM 결합
document.body.style.backgroundColor = 'lightgray'; // 배경색 변경
window.alert('BOM과 DOM을 활용한 웹 페이지 조작'); // 알림창 표시
```

JavaScript의 내장 객체와 브라우저 객체 모델은 각각 데이터 처

리와 브라우저 상호작용을 담당하며, 웹 애플리케이션 개발에 필수적인 기능을 제공합니다. 내장 객체를 활용하면 데이터 처리가 간편해지고, BOM을 통해 브라우저와의 상호작용이 가능해집니다. 이 두 가지를 적절히 활용하여 웹 페이지의 동작과 사용자 경험을 향상시켜 보세요.

DOM 구조와 요소 접근

Document Object Model(DOM)은 웹 페이지의 HTML 문서를 트리 구조로 표현하여 JavaScript가 요소를 조작하고 제어할 수 있게 하는 표준 모델입니다. DOM의 구조를 이해하고 특정 요소에 접근하는 방법을 배우는 것은 동적인 웹 애플리케이션 개발의 첫걸음입니다.

1. DOM 구조의 기본

DOM은 계층적인 트리 구조로 표현되며, 각 HTML 태그는 DOM 트리의 하나의 노드(Node)로 매핑됩니다. 트리 구조는 HTML 문서의 상위부터 하위 요소까지의 관계를 나타냅니다.

1.1. DOM 트리의 주요 노드 유형

- **문서 노드(Document Node)**: DOM 트리의 최상위 노드로, document 객체를 통해 접근.
- **엘리먼트 노드(Element Node)**: HTML 태그를 나타내는 노드.
- **속성 노드(Attribute Node)**: HTML 태그의 속성을 나타냄.
- **텍스트 노드(Text Node)**: HTML 태그 내부의 텍스트 콘텐츠.

1.2. DOM 트리 구조 예시

HTML 코드:

```
<!DOCTYPE html>
<html>
  <head>
    <title>Sample Page</title>
  </head>
  <body>
    <h1 id="main-title">Welcome</h1>
    <p class="description">This is a sample page.</p>
  </body>
</html>
```

DOM 트리:

```
Document
  ├── html
         ├── head
                └── title
                       └── "Sample Page"
         └── body
                ├── h1#main-title
                │      └── "Welcome"
                └── p.description
                       └── "This is a sample page."
```

2. DOM 요소 접근

JavaScript를 사용하여 DOM 요소에 접근하는 방법은 다양하며, 각각의 접근 방식은 특정 상황에서 효율적으로 사용됩니다.

2.1. document 객체
- DOM 트리의 루트로, 모든 요소에 접근하기 위한 출발점입니다.

```
console.log(document.title); // "Sample Page"
console.log(document.body); // <body>...</body>
```

2.2. 요소 접근 메서드

1) getElementById()
- ID 속성으로 요소를 선택.
- 사용 예:

```
const title = document.getElementById('main-title');
console.log(title.textContent); // "Welcome"
```

2) getElementsByClassName()
- 클래스 이름으로 요소를 선택(HTMLCollection 반환).

• **사용 예**:

```
const descriptions = document.getElementsByClassName('description');
console.log(descriptions[0].textContent); // "This is a sample page."
```

3) getElementsByTagName()

- 태그 이름으로 요소를 선택(HTMLCollection 반환).
- **사용 예**:

```
const paragraphs = document.getElementsByTagName('p');
console.log(paragraphs[0].textContent); // "This is a sample page."
```

4) querySelector()

- CSS 선택자를 사용하여 첫 번째 요소를 선택.
- **사용 예**:

```
const title = document.querySelector('#main-title');
console.log(title.textContent); // "Welcome"
```

5) querySelectorAll()

- CSS 선택자를 사용하여 모든 요소를 선택(NodeList 반환).
- **사용 예**:

```
const descriptions = document.querySelectorAll('.description');
descriptions.forEach(desc => console.log(desc.textContent));
```

3. DOM 요소의 속성과 내용 조작

3.1. 속성 접근 및 변경

- 속성을 가져오거나 변경할 수 있습니다.

```
const title = document.getElementById('main-title');
console.log(title.id); // "main-title"
title.id = 'new-title'; // 속성 변경
```

3.2. 텍스트 내용 변경

- 요소의 텍스트를 가져오거나 수정할 수 있습니다.

```
const title = document.querySelector('#new-title');
console.log(title.textContent); // "Welcome"
title.textContent = 'Hello, World!';
```

3.3. 스타일 변경

- 인라인 스타일을 동적으로 변경.

```
const title = document.querySelector('#new-title');
title.style.color = 'blue';
title.style.fontSize = '2rem';
```

4. DOM 요소의 탐색

DOM 요소 간의 관계를 탐색하여 부모, 자식, 형제 요소에 접근할 수 있습니다.

1) parentNode / parentElement

- 부모 요소에 접근.
- 예:

```
const paragraph = document.querySelector('.description');
console.log(paragraph.parentNode); // <body>...</body>
```

2) childNodes / children

- 자식 노드에 접근.
- **예**:

```
const body = document.body;
console.log(body.children); // HTMLCollection of h1 and p
```

3) nextSibling / nextElementSibling

- 다음 형제 노드에 접근.
- **예**:

```
const title = document.querySelector('#new-title');
console.log(title.nextElementSibling); // <p class="description">...</p>
```

4) previousSibling / previousElementSibling

- 이전 형제 노드에 접근.
- **예**:

```
const paragraph = document.querySelector('.description');
console.log(paragraph.previousElementSibling); // <h1 id="new-title">...</h1>
```

5. 종합 예제

```html
<!DOCTYPE html>
<html lang="en">
<head>
  <meta charset="UTF-8">
  <meta name="viewport" content="width=device-width, initial-scale=1.0">
  <title>DOM 예제</title>
</head>
<body>
  <h1 id="main-title">Welcome</h1>
  <p class="description">This is a sample page.</p>
  <script>
    // 요소 선택
    const title = document.getElementById('main-title');
    const paragraph = document.querySelector('.description');
    // 텍스트 변경
    title.textContent = 'Hello, JavaScript!';
    paragraph.textContent = 'This page demonstrates DOM manipulation.';
    // 스타일 변경
    title.style.color = 'green';
    title.style.fontSize = '2.5rem';
    // 부모와 자식 요소 탐색
    console.log(paragraph.parentNode); // body
    console.log(title.nextElementSibling); // p.description
  </script>
</body>
</html>
```

DOM 구조를 이해하고 요소에 접근하는 방법을 배우는 것은 JavaScript로 동적인 웹 페이지를 구현하는 데 필수적입니다. 다양한 접근 방법과 조작 기술을 활용하여, 정적인 웹 페이지를 사용자와 상호작용할 수 있는 인터랙티브한 애플리케이션으로 발전시킬 수 있습니다. DOM을 활용하여 창의적인 웹 개발을 시작해 보세요!

DOM 요소의 내용 수정 및 노드 추가·삭제

JavaScript를 사용해 DOM 요소의 내용을 실시간으로 수정하거나, 새로운 요소를 추가 및 삭제함으로써 웹 페이지를 동적으로 제어할 수 있습니다. 이러한 작업은 사용자 입력, API 데이터, 이벤트 등에 반응하여 웹 콘텐츠를 업데이트하는 데 필수적인 기술입니다.

1. DOM 요소 내용 수정

1.1. 텍스트 내용 수정

- **textContent**: 요소의 텍스트 내용을 가져오거나 변경합니다.

```
const title = document.querySelector('#main-title');
console.log(title.textContent); // 기존 텍스트 출력
title.textContent = 'New Title'; // 텍스트 내용 변경
```

1.2. HTML 내용 수정

- **innerHTML**: 요소의 HTML 구조를 포함한 내용을 가져오거나 변경합니다.

```
const content = document.querySelector('#content');
console.log(content.innerHTML); // 기존 HTML 출력
content.innerHTML = '<strong>Updated Content</strong>'; // HTML 구조 변경
```

- **주의점**: innerHTML은 HTML 구조를 변경할 수 있지만, 외부 입력값을 처리할 때는 XSS(크로스 사이트 스크립팅) 취약점에 주의해야 합니다.

1.3. 속성 수정
- 특정 속성을 변경하거나 추가합니다.

```
const link = document.querySelector('a');
link.href = 'https://example.com'; // href 속성 변경
link.target = '_blank'; // target 속성 추가
```

2. DOM 노드 추가

2.1. createElement를 사용한 새로운 요소 생성
- 새로운 요소 생성 및 추가:

```
const newParagraph = document.createElement('p');
newParagraph.textContent = 'This is a new paragraph.';
document.body.appendChild(newParagraph); // body에 추가
```

2.2. appendChild

- 특정 부모 요소에 자식으로 추가합니다.

```
const parent = document.querySelector('#parent-div');
const child = document.createElement('div');
child.textContent = 'Child Element';
parent.appendChild(child); // 부모 요소에 추가
```

2.3. insertBefore

- 특정 위치에 새로운 요소를 삽입합니다.

```
const newItem = document.createElement('li');
newItem.textContent = 'Inserted Item';
const list = document.querySelector('ul');
const firstItem = list.firstElementChild;
list.insertBefore(newItem, firstItem); // 첫 번째 항목 앞에 삽입
```

2.4. innerHTML을 사용한 추가

- HTML 구조를 추가:

```
const list = document.querySelector('ul');
list.innerHTML += '<li>Appended Item</li>';
```

3. DOM 노드 삭제

3.1. removeChild

- 부모 요소에서 특정 자식 요소를 제거합니다.

```
const list = document.querySelector('ul');
const firstItem = list.firstElementChild;
list.removeChild(firstItem); // 첫 번째 항목 제거
```

3.2. remove

- 직접 요소를 제거합니다.

```
const item = document.querySelector('#item-to-remove');
item.remove(); // 요소 제거
```

3.3. innerHTML을 사용한 초기화

- 요소의 모든 내용을 제거합니다.

```
const container = document.querySelector('#container');
container.innerHTML = ''; // 모든 자식 요소 삭제
```

4. 종합 예제

```html
<!DOCTYPE html>
<html lang="en">
<head>
  <meta charset="UTF-8">
  <meta name="viewport" content="width=device-width, initial-scale=1.0">
  <title>DOM 조작</title>
  <style>
    ul{
      list-style: none;
      padding: 0;
    }
    li{
      padding: 5px;
      margin: 5px 0;
      background-color: #f4f4f4;
    }
  </style>
</head>
<body>
  <h1 id="main-title">Welcome</h1>
  <div id="content">
    <p>This is some content.</p>
  </div>
  <ul>
    <li>Item 1</li>
    <li>Item 2</li>
  </ul>
  <button id="add-item">Add Item</button>
  <button id="remove-item">Remove Last Item</button>
  <script>
    // 요소 선택
    const title = document.querySelector('#main-title');
```

```
    const content = document.querySelector('#content');
    const list = document.querySelector('ul');
    const addItemButton = document.querySelector('#add-item');
    const removeItemButton = document.querySelector('#remove-item');
    // 텍스트 내용 수정
    title.textContent = 'Hello, JavaScript!';
    content.innerHTML = '<p>Updated content with <strong>HTML</strong>.</p>';
    // 아이템 추가
    addItemButton.addEventListener('click', () => {
      const newItem = document.createElement('li');
      newItem.textContent = `Item ${list.children.length + 1}`;
      list.appendChild(newItem);
    });
    // 마지막 아이템 삭제
    removeItemButton.addEventListener('click', () => {
      if(list.lastElementChild) {
        list.removeChild(list.lastElementChild);
      }
    });
  </script>
</body>
</html>
```

DOM 요소의 내용 수정 및 노드 추가·삭제는 웹 페이지를 실시간으로 동적으로 조작할 수 있는 핵심 기술입니다. JavaScript를 활용하면 단순한 정적 페이지를 사용자와 상호작용하는 동적 웹 애플리케이션으로 발전시킬 수 있습니다. 이러한 기술을 익혀 다양한 사용자 요구에 대응하는 웹 서비스를 만들어 보세요!

DOM 이벤트 처리와 클래스 관리

DOM 이벤트 처리와 클래스 관리는 JavaScript로 동적인 웹 페이지를 구현하는 핵심 기술입니다. 이벤트 처리는 사용자의 행동(클릭, 입력 등)에 반응하는 기능을 구현하며, 클래스 관리는 CSS 스타일과 연동하여 요소의 상태를 동적으로 제어할 수 있도록 돕습니다. 이 두 가지 기술을 결합하면 인터랙티브한 웹 애플리케이션을 효율적으로 구축할 수 있습니다.

1. DOM 이벤트 처리

1.1. 이벤트의 기본 개념
- 이벤트(Event)는 사용자의 행동(클릭, 입력 등)이나 브라우저의 상태 변화(로드 완료, 오류 발생 등)를 나타냅니다.
- 이벤트 처리(Event Handling)는 이러한 이벤트에 반응하여 특정 동작을 수행하는 코드입니다.

1.2. 이벤트 처리 방법
1) HTML 속성으로 이벤트 처리
- HTML 요소의 속성으로 직접 이벤트 핸들러를 지정합니다.

```
<button onclick="alert('Button clicked!')">Click Me</button>
```

2) JavaScript에서 이벤트 처리

- addEventListener 메서드를 사용하여 이벤트를 처리합니다.

```
const button = document.querySelector('button');
button.addEventListener('click', () => {
    alert('Button clicked!');
});
```

3) 익명 함수와 화살표 함수

- **익명 함수**:

```
button.addEventListener('click', function() {
    alert('Clicked!');
});
```

- **화살표 함수**:

```
button.addEventListener('click', () => {
    alert('Clicked!');
});
```

4) 이벤트 제거

- removeEventListener를 사용해 등록된 이벤트를 제거할 수 있습니다.

```
const handleClick = () => alert('Button clicked!');
button.addEventListener('click', handleClick);
button.removeEventListener('click', handleClick);
```

1.3. 이벤트 객체

이벤트 발생 시 JavaScript는 이벤트에 대한 정보를 담은 이벤트 객체(event object)를 제공합니다.

```
document.querySelector('button').addEventListener('click', (event) => {
    console.log(event.type); // 'click'
    console.log(event.target); // 클릭된 요소
});
```

1.4. 이벤트 전파

- **캡처링 단계**: 부모에서 자식 요소로 이벤트가 전달되는 과정.
- **버블링 단계**: 자식에서 부모 요소로 이벤트가 전달되는 과정.

```
document.querySelector('.parent').addEventListener('click', () => {
    console.log('Parent clicked');
});
document.querySelector('.child').addEventListener('click', (event) => {
    console.log('Child clicked');
    event.stopPropagation(); // 부모로의 이벤트 전파 방지
});
```

2. 클래스 관리

2.1. 클래스의 역할

HTML 요소에 클래스를 추가하거나 제거하면, CSS 스타일이나 JavaScript 로직에서 동적으로 상태를 변경할 수 있습니다.

2.2 클래스 관리 메서드
1) classList.add()
- 요소에 클래스를 추가합니다.

```
const box = document.querySelector('.box');
box.classList.add('active');
```

2) classList.remove()

- 요소에서 클래스를 제거합니다.

```
box.classList.remove('active');
```

3) classList.toggle()

- 클래스가 있으면 제거하고, 없으면 추가합니다.

```
box.classList.toggle('active');
```

4) classList.contains()

- 특정 클래스가 존재하는지 확인합니다.

```
console.log(box.classList.contains('active')); // true 또는 false
```

3. 종합 예제

```
<!DOCTYPE html>
<html lang="en">
<head>
  <meta charset="UTF-8">
  <meta name="viewport" content="width=device-width, initial-scale=1.0">
  <title>DOM 이벤트와 클래스 관리</title>
  <style>
    .box{
      width: 100px;
      height: 100px;
      background-color: lightgray;
      margin: 20px;
      transition: background-color 0.3s;
    }
    .box.active{
      background-color: lightblue;
    }
  </style>
</head>
<body>
  <div class="box"></div>
  <button id="toggle-class">Toggle Class</button>
  <button id="change-color">Change Color</button>
  <script>
    const box = document.querySelector('.box');
    const toggleButton = document.querySelector('#toggle-class');
    const colorButton = document.querySelector('#change-color');
    // 클래스 토글 버튼 이벤트 처리
    toggleButton.addEventListener('click', () => {
```

```
      box.classList.toggle('active');
   });
   // 색상 변경 버튼 이벤트 처리
   colorButton.addEventListener('click', () => {
      if(box.classList.contains('active')) {
         box.style.backgroundColor = 'pink';
      } else{
         box.style.backgroundColor = 'lightgray';
      }
   });
  </script>
 </body>
</html>
```

    DOM 이벤트 처리와 클래스 관리는 웹 페이지에서 사용자와의 상호작용을 구현하는 데 필수적인 기술입니다. 이벤트를 통해 사용자의 행동에 반응하고, 클래스 관리를 통해 요소의 스타일과 상태를 동적으로 변경할 수 있습니다. 이 두 가지를 효과적으로 결합하면, 직관적이고 반응성이 뛰어난 웹 애플리케이션을 구축할 수 있습니다. 다양한 이벤트와 클래스를 활용하여 창의적인 인터랙티브 웹 디자인을 만들어 보세요!

Git은 소프트웨어 개발에서 가장 널리 사용되는 분산 버전 관리 시스템으로, 파일의 변경 이력을 추적하고, 다양한 작업 내용을 효과적으로 관리할 수 있도록 도와줍니다. 개인 프로젝트부터 대규모 협업 환경까지, Git은 코드와 데이터의 안전한 관리를 보장하며, 실수나 충돌이 발생하더라도 손쉽게 복구할 수 있는 강력한 도구입니다.

개발 과정에서는 기능 추가, 버그 수정, 코드 최적화 등 다양한 작업이 동시다발적으로 이루어지며, 각 단계에서 변경 이력을 기록하고 필요한 시점으로 되돌아가는 일이 자주 발생합니다. Git은 이러한 작업을 체계적으로 처리할 수 있는 도구로, 파일의 변화를 시간순으로 기록하고 팀원들과 작업 내용을 공유하여 원활한 협업을 지원합니다.

Git의 주요 장점 중 하나는 로컬과 원격 저장소를 연동하여 작업의 이력을 안전하게 보관하고, 필요할 때마다 가져오거나 푸시할 수 있다는 점입니다. 또한, 변경 사항을 명확히 확인하고, 단계적으로 기록하며, 다양한 브랜치를 통해 독립적으로 작업을 진행할 수 있는 유연성을 제공합니다.

이 장에서는 Git의 기본적인 개념과 사용법, 그리고 원격 저장소와의 연동을 통한 협업 방법을 다룹니다. Git을 처음 사용하는 사람도 쉽게 이해하고 실습할 수 있도록 구성했으며, 이를 통해 여러분의 프로젝트 관리 능력을 한 단계 높일 수 있기를 바랍니다. Git의 세계로 함께 발을 내디디며, 효율적인 버전 관리와 협업의 시작을 경험해 보세요.

8부
Git

Git의 이해

Git은 단순한 버전 관리 도구를 넘어, 팀 협업과 프로젝트 관리의 핵심 도구로 자리 잡았습니다. 코드를 안전하게 관리하고, 변경 사항을 추적하며, 효율적으로 협업할 수 있는 Git의 기능은 현대 소프트웨어 개발의 필수 요소입니다. Git의 개념과 필요성을 이해함으로써, 더 체계적이고 생산적인 작업 환경을 만들어 보세요.

Git이란 무엇인가?

Git은 파일의 변경 이력을 관리하고, 여러 명이 동시에 작업할 수 있도록 돕는 분산 버전 관리 시스템(DVCS)입니다. 2005년, 리눅스 커널 개발을 위해 리누스 토르발스(Linus Torvalds)가 개발한 Git은 이후 소프트웨어 개발뿐만 아니라 문서 작성, 데이터 관리 등 다양한 분야에서 널리 사용되고 있습니다.

Git은 로컬 컴퓨터에 저장된 파일의 이력을 기록하며, 원격 저장소와 동기화하여 다른 사용자와 협업할 수 있도록 설계되었습니다. 코드 변경 내역을 시간순으로 기록하고, 특정 시점으로 복구하거나 여러 작업을 병합할 수 있는 강력한 도구입니다.

Git과 버전 관리의 필요성

개발 과정에서는 코드가 끊임없이 수정되고 새로운 기능이 추가되며, 때로는 이전 상태로 되돌아가야 할 상황이 발생합니다. 이러한 작업은 혼자 작업할 때도 까다롭지만, 팀 단위의 협업에서는 더욱 복잡해집니다.

버전 관리는 이러한 문제를 해결하기 위한 도구로, 다음과 같은 이점을 제공합니다:

- **이력 추적**: 누가, 언제, 무엇을 변경했는지 확인 가능.
- **복구 기능**: 문제가 발생한 경우, 이전 상태로 복원 가능.
- **동시 작업 지원**: 여러 개발자가 충돌 없이 동시에 작업 가능.
- **변경 내용 공유**: 팀원 간의 코드 공유와 리뷰 용이.

Git은 기존의 중앙집중식 버전 관리 시스템(CVCS)과 달리, 모든 변경 기록을 로컬 저장소와 원격 저장소에 각각 보관하는 **분산 구조**를 통해 안정성과 속도를 강화하였습니다.

Git의 주요 특징과 장점

Git은 다양한 버전 관리 도구 중에서도 독보적인 기능과 장점을 제공합니다:

1) 분산 버전 관리
- 모든 사용자가 로컬 저장소에 전체 변경 이력을 보관하므로, 네트워크 연결이 없어도 작업 가능.
- 중앙 서버가 손상되더라도 로컬 저장소를 통해 복구 가능.

2) 속도와 효율성
- 로컬에서 작업이 이루어지므로 커밋, 병합 등의 작업이 빠르게 처리됩니다.
- 효율적인 데이터 압축으로 저장소 용량을 절약.

3) 브랜치 기반 워크플로우
- 브랜치를 통해 서로 다른 기능을 독립적으로 개발 가능.
- 병합 및 충돌 해결 기능이 강력하며, 팀 작업에 최적화.

4) 작은 변경 단위 관리
- 변경 사항을 커밋 단위로 관리하여, 수정 내역을 세부적으로 추적 가능.
- 특정 변경 사항만 선택적으로 복구 가능.

5) 광범위한 생태계

- GitHub, GitLab, Bitbucket 등 다양한 플랫폼과 연동 가능.
- 수많은 플러그인과 확장 도구로 워크플로우를 개선.

원격 저장소 활용

원격 저장소의 개념

원격 저장소(Remote Repository)는 로컬 저장소와 달리 인터넷이나 네트워크를 통해 접근 가능한 Git 저장소입니다. 이는 팀원 간의 협업을 가능하게 하고, 프로젝트 데이터를 안전하게 백업할 수 있도록 도와줍니다.

대표적인 원격 저장소 플랫폼으로는 **GitHub**, **GitLab**, **Bitbucket** 등이 있으며, 이들을 활용하면 코드를 공유하고 협력 작업을 원활히 진행할 수 있습니다.

원격 저장소에서 클론(git clone)

클론은 원격 저장소를 로컬에 복제하여 작업할 수 있도록 만드는 명령입니다.

사용법:

```
git clone <원격 저장소 URL>
```

예시:

```
git clone https://github.com/username/repository.git
```

위 명령어를 실행하면 원격 저장소의 모든 파일과 변경 이력이 로컬에 복제되며, repository라는 폴더에 저장됩니다.

변경 사항 푸시(git push)와 가져오기(git pull)

1) git push

로컬 저장소의 변경 사항을 원격 저장소로 업로드합니다.

사용법:

```
git push <원격 저장소 이름> <브랜치 이름>
```

예시:

```
git push origin main
```

- 원격 저장소에 변경 사항을 반영하려면, 커밋을 완료한 후 이 명령을 사용해야 합니다.

2) git pull
- 원격 저장소의 최신 변경 사항을 로컬 저장소로 가져옵니다.

사용법:

```
git pull <원격 저장소 이름> <브랜치 이름>
```

예시:

```
git pull origin main
```

- 이 명령은 원격 저장소의 변경 내용을 가져오고, 로컬 브랜치와 병합합니다.

Git 기본 사용법

파일 추적 및 상태 확인

1) git add
- 파일을 스테이지 영역에 추가하여 커밋 준비를 합니다.

사용법:

```
git add <파일 이름>
git add .    # 모든 파일 추가
```

예시:

```
git add index.html
```

2) git status

- 작업 디렉토리와 스테이지 영역의 상태를 확인합니다.

사용법:

```
git status
```

출력 예시:

```
On branch main
Changes to be committed:
  (use " git restore --staged <file>..." to unstage)
    newfile:   index.html
```

변경 사항 기록(git commit)

커밋은 변경 사항을 저장소에 기록하는 작업입니다.

사용법:

```
git commit -m " 커밋 메시지"
```

예시:

```
git commit -m " Add index.html with initial content"
```

커밋 메시지는 변경 내용을 간략히 설명하는 데 사용되며, 이후 이력을 추적할 때 중요한 정보가 됩니다.

요약된 워크플로우

1) 파일 작업 후 상태 확인:

```
git status
```

2) 변경된 파일 스테이징:

```
git add <파일 이름>
```

3) 변경 사항 기록(커밋):

```
git commit -m " 설명 메시지"
```

4) 원격 저장소로 푸시:

```
git push origin main
```

5) 원격 저장소의 최신 상태 가져오기:

```
git pull origin main
```

에필로그
웹을 이해한 당신께

『웹의 이해』와 함께한 여정을 마치며, 여러분은 이제 웹의 작동 원리를 이해하고, 기본적인 웹 개발 기술을 익힌 초보 개발자에서 한 단계 성장한 자신을 발견했을 것입니다. 이 책은 단순히 HTML, CSS, JavaScript라는 도구를 배우는 데 그치지 않고, 웹이라는 거대한 세계의 작동 원리와 철학을 이해하는 데 초점을 맞췄습니다.

처음 인터넷과 웹의 기본 개념을 배우며 시작된 이 여정은 HTML로 구조를 만들고, CSS로 디자인을 입히며, JavaScript로 동적인 상호작용을 추가하는 과정으로 이어졌습니다. 마지막으로 Git을 활용하여 협업과 버전 관리를 배우면서, 현대 웹 개발의 기본기를 다졌습니다. 이제 여러분은 단순히 코드를 작성하는 것을 넘어, 웹이라는 환경에서 창의적인 아이디어를 구현할 수 있는 능력을 갖췄습니다.

웹 개발은 배움의 끝이 없는 분야입니다. 오늘 익힌 기초는 내일 새로운 기술을 배우는 든든한 기반이 될 것입니다. 더 깊이 있는 주제를 탐구하며, 여러분만의 웹 개발 세계를 넓혀 가시길 바랍니다.

이 책이 여러분의 첫걸음을 돕는 든든한 동반자가 되었기를 바랍니다. 웹은 단순한 기술의 집합체가 아니라, 전 세계 사람들을 연결하고 새로운 가치를 창출하는 창의적이고 혁신적인 공간입니다. 여러분의 손끝에서 만들어질 멋진 웹 페이지와 프로젝트들이 더 나은 세상을 만드는 데 기여하길 기대합니다.

끝으로, 여러분의 도전에 응원의 마음을 보냅니다. 여러분은 이미 웹의 세계를 이해했으니, 이제는 그것을 활용해 나만의 창조적인 무언가를 만들어 낼 차례입니다. 앞으로 펼쳐질 여러분의 멋진 순간을 기대하며, 이 책의 마지막 페이지를 넘기고 나서도 그 도전이 계속되기를 바랍니다.

시간의 조각을 모아 놓은 것이 인생입니다. 젊음의 한 조각을 멋지게 채워 가시길 바라며 언젠가 좋은 인연으로 독자 여러분을 다시 만나 뵐 수 있기를 소망합니다.

이 책이 세상에 나오기까지 귀한 도움을 주신 지식과감성# 장길수 대표님, 한장희 님, 오정은 님께 마음을 다해 감사드립니다.

꿈과 열정이 있고 공부하는 사람은 언제나 청춘입니다.
감사합니다.

2024년 크리스마스에
황선수 배상